도올의 국가비젼

– 신행정수도와 남북화해 –

도올 김용옥

통나무

목　차

제 1 장 도올의 국가비젼 서(緒)

제 2 장   행정수도이전과 남북정상회담

제 3 장   남북화해론

제1절 北송금에 담긴 역사적 진실
- 언론은 "민족自決" 눈떠라 -   91

제 4 장   금강개성신유(金剛開城神遊)

제1절 도올 관광론 - 새한국 미래산업으로서의 관광 -   157

제2절 금강산초유기(金剛山初遊記)   165

개성 성균관 연못

도올의 국가비젼

제 1 장   도올의 국가비젼 서(緒)

전쟁과 평화

도올의 국가비젼은 무엇인가? 그것은 매우 간단하다. 평화로운 국가(Peaceful Nation), 건강한 사회(Healthy Society), 바로 그것이다! 여기서 국가란 정체(政體), 즉 폴리테이아(politeia), 폴리티(polity)를 의미하는 것이다. 그것은 사회를 다스리는 체제(political system, government)에 관한 것이다. "평화로운 국가"라고 하는 뜻은 정치체제 존속의 이유나 목적이 전쟁을 수행함에 있지 않고 평화를 유지함에 있다고 하는 것이다. 전쟁과 평화는 동전의 양면과도 같은 것이다. 전쟁이 없는 상태가 곧 평화며, 평화가 없는 상태가 곧 전쟁이기 때문에 이 두 개념은 일순간도 타자의 존재가 없이 절대적으로 성립할 수가 없다. 인류의 역사가 곧 전쟁과 평화의 역사였다.

네오콘과 전쟁패러다임

그러나 평화로운 국가라고 하는 것은 모든 정치조직이 전쟁을 수행하는 것을 힘쓰기 위해 동원되는 것이 아니라, 평화를 유지하고 평화를 기르고 평화를 확대시키는 것을 위해 존립하는 것을 말한다. 현재의 부시행정부하의 정치조직은 그 모든 존재이유가 전쟁을 수행하기 위한 것이다. 전쟁을 수행하기 위하여 모든 사회체제나 매스컴, 인민의 정서가 조작되며, 전쟁을 수행하기 위하여 모든 외교적 수단이 동원되며, 그리고 또 전쟁을 수행함으로써 국방산업을 일으키고 에너지원을 확보하며 강대국의 위세를 유지하며, 소수의 관련된 자본가들은 폭리를 취하게 된다. 과연 이러한 체제가 얼마나 지속될 수 있을 것인가 하는 것은 인류사의 새로운 실험에 속하는 것이다. 세계최강대국이 이토록 각박하게 주변국가들을 억압한 유례는 인류사에 별로 없었기 때문이다.

나는 미국에서 교육을 받았다. 나는 미국을 사랑한다. 그리고 내가 사랑하는 미국은 결코 부시로 대변되는 네오콘의 미국이 아니다. 그리고 미국의 미래가 결코 이러한 방식으로 오래 유지될 수 없다는 것, 그리고 미국에는 정체운영에 관하여 광범위한 다양한 의견이 존재한다는 것을 나는 확신한다. 나는 나의 휴매니스트 친구들의 눈물겨운 노력을 항상 기억한다.

우리나라의 트라콘, 전쟁은 아름답다

그러나 여하튼 오늘의 미국은 전쟁이라는 패러다임 속에 있는 폴리테이아이며, 테러위험의 적신호가 켜졌다 꺼졌다 끊임없이 조작되고 있는 불안한 나라(unstable nation)이다. 나의 국가비젼은 최소한 이렇게 전쟁을 수행하기 위하여 존재하는 나라가 되어서는 아니된다는 것이다. 그런데 우리나라의 많은 사람들이 우리나라가 평화로운 나라가 되어서는 아니되며, 전쟁을 수행하기 위한 나라가 되어야 한다고 믿고 있다. 우리들이 상식적으로 생각하는 것보다 엄청나게 많은 사람들이 매우 간절하게 그렇게 소망하고 있다. 평화로운 나라는 나른하며 맥빠지고 너무 많은 사람들이 골고루 자유를 향유하기 때문에 재미가 없다는 것이다. 전쟁하는 나라래야 씩씩하고 활기차며 절박한 목표를 향해 노력하는 감동이 있다는 것이다. 이들은 매우 광범한 이 땅의 보수전선을 형성하고 있다. 아마도 이들을 "네오콘" 이 아닌 "트라콘" 이라 불러야 할 것 같다. 네오 콘서버티브(neo-conservative)가 아닌, 트라디셔날 콘서버티브

15

(traditional-conservative)！ 이들은 모든 전통적 권위주의와 결부되어 있으며, 수직적 사고체계를 신봉하며, 변화를 혐오하며, 기득권을 사수하려고 한다. 이들은 특히 언론·행정·사법·입법부·기업·학계의 영향력있는 자리를 차지하고 있으며, 그들 스스로 현실적 역사운행의 키를 장악하고 있다고 굳게 믿고 있다. 이 트라콘들의 아성에 도전한다는 것은 참으로 힘겨운 고독한 투쟁임에는 더 말할 나위 없다.

속국아닌 모든 나라의 우방

그러나 이러한 우리나라의 트라콘들, 즉 전쟁사랑동호인들이 깨달아야 할 사실은 평화의 패러다임이 전쟁의 패러다임보다 훨씬 더 짜릿하게 재미있고 훨씬 더 고도의 전략과 지략과 군비의 축적을 요구한다는 사실이다. 평화는 전쟁에 대한 대비가 없이는 이루어질 수 없다. 전쟁과 평화의 이분법은 무의미한 것이다. 나는 우리나라의 트라콘, 즉 수구보수들이 바로 그들의 논리에 즉하여서도 그들의 생각의 틀을 바꿔야 한다고 생각한다. 전쟁에 대한 모든 대비가 오로지 평화를 유지시키고·기르고·확대시키는 것을 위해서만 존재한다는 너무도 지당한 상식을 수용해야 한다는 것이다. 따라서 평화로운 나라를 만들기 위해서 합심해야 한다는 것이다. 그것은 자주국방을 확대하며, 군대의 체제를 정예화하고 효율적으로 만들며, 명령체계를 확실히 하며, 무기를 고성능화시키며, 관계된 과학기술을 고도화시켜야 하는 것이다. 이러한 과정은 끊임없이 기민하게 외교적 틈새를 노림으로써만 가능해지는 것이며, 강대국들 이해관계를 조정할 줄 아는 슬기로운 거리의 지혜(wisdom of distance)를 요구하는 것이다. 한미공조만이 한반도평화의 유일한 기반이라고 생각하는 사고의 틀은 매우 낡아빠진 것이다. 그러한 시대는 이미 지나갔다. 그것은 바로 한반도를 화약고로 만드는 첩경인 것이다. 조선은 어떠한 나라의 속국이 되어서도 아니되며, 또 동시에 모든 나라의 우방이 되어야 한다. 이것이 바로 내가 말하는 평화로운 나라의 이상이다.

사회(Society)란 무엇인가?

다음으로 "건강한 사회"란 무엇인가? 우선 "사회"(Society)라는 것은 기(氣)의 유기적 묶음을 말하는 것인데 그것은 수없는 층차(levels)를 가지고 있다. 우리의 몸을 구성하는 임의의 세포 한 개도 이미 거대한 사회이다. 핵부터 세포막·세포벽에 이르기까지 무수한 기의 단위가 연합되어 있는 사회이다. 그런데 보통 인간존재, 즉 한 사람이라고 하는 것은 이 제각기 다양한 세포라는 사회가 약 6×10^{13}개나 모여있는 거대한 사회이다. 그런데 우리가 흔히 사회과학적으로 명명하는 "사회"라고 하는 것은 이 거대한 사회인 몸(Mom)이, 대한민국의 경우, 4천 7백만 개나 모여있는 또 하나의 거대한 사회이다. 이 사회는 유기적 결합체(organic nexus)이며, 이 유기적 결합체의 특징은 생·멸을 끊임없이 계속한다는 것이다. 생멸의 끊임없는 지속도 여러 층차를 통해 이루어진다. 인간의 몸과 같이 그 한계가 명료한 사회는 총체적 멸망의 시한이 정해져 있지만, 이 몸들이 모인 거대사회는 생·멸의 끊임없는 착종(錯綜)을 통해 그 총체적 단위를 매우 오랜 시간 동안 지속시킬 수 있다. 그것이 문명(civilization)이라는 것이다. 그러나 간단(間斷)없는 인푸트와 아웃푸트의 생성과정이 끊임없는 "새로움"(novelty)을 창출할 때만이, 그 사회는 지속될 수 있는 것이다.

사회과학은 "사회"를 이해하지 못했다

여태까지 서양의 사회과학(social sciences)은 사회의 근본적 특성을 이해하지 못했다. 사회에 속하는 몸이라는 사회의 특성을 도외시한 채, 인간 존재의 덕성을 규정한 모든 논의는 매우 관념적이거나 현실성을 결여한 공허한 것이 되기 쉽다. 불란서 혁명(French Revolution)이래 계몽주의적 인간관(Enlightenment thought)의 영향권 속에서 규정한 인간 내지 인간사회의 이상, 즉 자유(Freedom)와 평등(Equality)이라는 가치는 이러한 대표적 오류에 속하는 것이다.

자유는 삶의 가치아닌 죽음의 가치

"자유"는 죽음의 가치다. 결코 삶의 가치가 될 수 없는 것이다. 자유는 결코 인간이 추구하거나 인간들의 집합체인 사회가 추구해야할 가치가 될 수 없는 것이다. 이것이 19세기·20세기 인류역사 두 세기의 최대비극이요 오류였다. 자유(Freedom)는 반드시 "무엇무엇으로부터 자유롭다"(free from)는 조건적 상태를 명사화한 것이다. 자유는 본시 "…으로부터"라는 조건적 전치사가 없이는 성립할 수 없는 것이다. 자유는 어떠한 경우에도 절대적인 개념이 될 수 없다. 생각해보라 ! 우리 몸의 세포 하나가 우리 몸으로부터 자유로울 때 그것이 삶의 가치를 향유하겠는가? 죽음의 가치를 향유하겠는가? 몸의 세포가 몸으로부터 자유로울 때 그 몸의 세포는 곧 죽는다. 유기체의 모든 부분은 이렇게 자유로울 수가 없다. 머리터럭 하나도 내 몸으로부터 자유로울 때는 곧 부패하는 것이다.

자유는 억압된 상태로부터의 해방, 그 일시적 느낌

우리가 통상 생각하는 사회적 가치로서의 자유는 "억압된 상태로부터의 해방"을 의미한다. 해방은 매우 기쁜 것이요, 즐거운 것이요, 우리 삶에 활력을 주는 것이다. 그러나 그것은 어디까지나 조건적이요, 잠정적이며, 일시적인 것이다. 자유와 해방이 인류의 역사의 목표가 될 수는 없는 것이다.

자유의 허상, 미국의 프로테스탄츠

우리가 미국의 역사를 자유의 화신처럼 생각하고, 그것이 구현해나간 자유의 역사가 마치 인류의 가장 선진된 이상인 것처럼 착각하는 것은 오직 지구상에 많은 억압된 구조에 대하여 상대적으로 자유의 통로를 제공하는 기능을 가지고 있었기 때문이었다. 미국대륙으로 건너간 최초의 프로테스탄츠들(Protestants)은 영국의 종교탄압에 항거한(즉 프로테스트한) 영혼의 순결파들이었다. 그들은 영국의 앵글리칸 처치와는 또 다른 개혁 기독교(Reformed Christianity)의 옹호자들이었으며, 그들은

도올의 국가비젼

신앙과 종파의 문제에 있어서 성경(Holy Scriptures)의 우위를 주장하며, 모든 종교의 권위는 오로지 신앙을 통한 은총(grace through faith)에 의해서만 정당화될 수 있으며, 그리고 모든 신앙인들이 곧 성직자라고 하는 신념에 불타 있었다. 그래서 그들은 신대륙(New World)에서 자유의 숨결을 만끽할 수 있었던 것이다. 그러나 프로테스탄츠 그들이 미대륙에서 만들어간 사회의 모습은 나다니엘 호돈이 『주홍글씨』에서 고발하듯이 무서운 독선과 억압과 권위주의와 마녀사냥과도 같은 미신으로 가득차있었다. 그리고 그들은 철저히 노예제도의 기반 위에서 앵글로색슨 백인(wasp)의 인종적 우월의 편견을 축적해나갔다.

나치는 미국 자유이데올로기의 일등공신

20세기 인류사에서 미국의 역사가 자유의 상징으로 또 다시 부각된 것은 20세기 전반의 유럽의 역사가 전쟁의 광분 속에서 터무니없는 억압구조를 가지고 있었기 때문이었다. 나치의 유대인학살이나 획일주의적 폭정은 상대적으로 미국만이 인류의 유일한 희망이며 유일한 자유의 고지라는 착각을 던져주었고, 그것이 바로 인류의 정예로운 지식의 보고들이 미국으로 집결되는 폭발적인 계기를 마련해주었던 것이다.

자유는 항상 더 자유로운 자들의 폭력

미국은 자유로운 나라인 것처럼 보이며 또 분명 자유로운 나라임에는 틀림이 없다. 그러나 그들이 두 세기 동안 추구해온 자유라는 가치는 과연 검증을 필요로 하지 않는 절대적인 인류의 지고의 이상일까? 미국은 자신의 자유를 막강한 군사력과 외교적 전횡과 결탁시켰고, 그 권력의 자유를 향유하기 위해 타국의 자유를 억압하는 것을 지극히 당연한 것으로 받아들인다. 뿐만 아니라, 국내문제에 있어서도 자유의 이상은 더 자유로운 자와 덜 자유로운 자의 괴리를 묵살시킨다. 자유를 표방하는 사회질서는, 그 자유를 향유할 수 있는 자와 향유할 수 없는 자의 괴리를 더욱 심화시킨다. 표면적 언론의 자유는 언론권력의 전횡을 정당화시킨다. 이러한 문제는 법률·교육·복지·문화 등 사회의 모든 측면에 있어서 동일한 괴리로 나타난다.

미국은 문맹률이 절반을 넘는 해괴한 나라

미국은 놀라웁도록 유치한 나라이다. 문맹률이 국민의 절반을 넘는 해괴한 나라이다(세금용지를 읽고 이해하는 것을 기준으로 문맹률을 산출한다). 터무니없는 대중의 유치성과 세계의 가장 정예로운 엘리티즘이 양극화되어 있는 괴이한 공존이 세계 자원의 40% 이상을 낭비하는 풍요로움을 매개로 유지되고 있지만, 그 엘리티즘의 횡포가 인류의 보편적 가치를 상실할 때는 원자폭탄보다 더 무서운 폭력과 인류의 재앙으로 돌변할 수 있는 가능성을 항상 내포하고 있다. 미국이 추구해온 자유라는 이상은 한마디로 파산상태이다. 자유는 미국사회의 동질적 기반을 상실시켰으며 공생공존에 필요한 최소한의 능률적 덕성들을 파괴시켰다. 공적기관에서 아무 이유없이 몇 시간 줄을 서서 기다려야 하거나, 열차가 몇 시간을 연착해도 항의할 곳이라고는 아무 곳도 없는 사회가 되어버렸다.

자유는 자율(Autonomy)로 대치되어야 한다

공적윤리가 오로지 법제를 돈으로 조작할 수 있는 자들의 소유물이 되어버린 것이다. 이런 모든 현상이 자유의 대가라는 것이다. 두 세기 동안의 미국의 역사가 입증한 것은 자유는 항상 더 자유로운 자들의 폭력이며, 우리가 살고있는 사회를 죽음으로 휘몬다는 것이다. 자유는 결코 국가비젼이 되어서는 아니되는 것이다. 자유(Freedom)는 자율(Autonomy)로 대치되어야 하는 것이다. 자율이란 인간이 스스로 질서를 창출하고, 그 질서가 자신이 속한 사회의 보편적 윤리가 될 수 있도록 끊임없이 자신의 삶을 운영해나가는 것을 말한다. 시민의 덕성은 자유가 아니라 협동(Cooperation)이며, 화려한 발산이 아니라 소박의 향유(Enjoyment of Simplicity)가 되어야 하는 것이다. 자유는 억압을 동반치 않을 수 없는 것이다. 그것은 민주의 원리에 반하는 것이다.

생명의 출발은 평등아닌 차등

평등(Equality)도 마찬가지의 함정에 몰입된다. 지난 인류의 두 세기 실험이 마치 자본주의는 자유를, 사회주의는 평등을 추구해온 것처럼 생각하지만 이러한 이분법은 인류의 근본적 이상을 흐리게 만드는 편협한 소견이다. 인류의 사회는 어떠한 경우에도 평등해질 수가 없다. 그것은 유기체의 철칙이다. 유기체의 탄생 자체가 원시바다에서 세포막내의 조건(ICF: 소디움이 적고 포타시움이 많다)과 세포막외의 조건(ECF: 소디움이 많고 포타시움이 적다)을 끊임없이 차등 지우는 어떤 매카니즘의 장착과 관련있는 것이다. 생명의 원리는 차등이며, 그 차등을 유지하는 에너지의 생산력을 우리가 생명이라고 부르는 것이다. 이러한 생명현상이 파괴되면 이러한 차별은 무차별로 환원된

도올의 국가비젼

다. 이러한 무차별을 우리는 "죽음"이라 부르는 것이다. 나의 몸이 생명을 유지하고 있다는 것은 나의 몸의 안의 조건과 밖의 조건의 차별을 유지한다는 것이다. 나의 몸의 부패라는 것은 곧 나의 몸의 안과 밖이 동일한 조건으로 환원되는 것을 의미한다. 이러한 생명의 기본원리를 생각할 때, 이러한 인간의 몸이 모여서 이루어지는 사회의 모습도 모든 개체의 차별을 전제로 해서만 그 생명력을 유지할 수 있는 것이다. 모든 인간이 무차별적으로 동일한 사회는 죽음의 사회이다. 모든 사회조직의 생명력도 무차별에 있는 것이 아니라 차별에 있다. 어떻게 다양한 차별적 기능들이 유기적으로 통일성을 이루느냐에 그 생명력이 존하는 것이다. 따라서 평등(Equality)이라는 것은 국가이념이 될 수가 없는 것이다. 공산주의국가는 국가이념이 될 수 없는 것을 이념으로 삼았기에 죽음의 사회로 환원되는 경향을 보이는 것이다.

평등이란 차별을 전제로 하는 개념

평등이란 무차별을 전제로 하는 것이 아니라 차별을 전제로 하는 어떤 개념이 되어야 한다. 평등이란 인간의 탄생환경, 신분, 재능, 삶의 스타일, 기호, 정서, 삶의 목표나 가치관 등의 동일성을 의미할 수는 없는 것이며, 기껏해야 인간의 자율적 노력이나 선택에 따라 이러한 것들이 결정론적 함수로써 인간을 억압할 수 없다고 하는 기회균등이나 사회유동성의 확보를 의미할 것이다. 인간사회의 목표는 인간의 평등이 아니다. 인간의 평등이란 모든 인간이 동일하게 고귀한 존재로서 취급되어야 하며, 한 인간이 다른 인간의 행복을 위한 수단으로 인식될 수 없다는 것, 모든 인간 개체가 그 나름대로의 목적적 가치를 지닌다는 추상적인 도덕이념일 뿐이며 모든 인간의 사회적 현실태를 규정하는 잣대는 아니다.

모든 사회조직은 제각기 다른 원리로 작동되어야

노·사간의 문제도 노와 사의 평등을 주장해서는 아니될 것이다. 노와 사가 각기 다른 입장에서 어떻게 그 회사라는 사회의 번영을 위해 협동하는 유기적 체제를 유지하느냐 하는 문제로 귀속될 뿐이다. 그 과정에서 인간의 기본권리에 대한 침해가 없이 어떻게 그 조직의 이윤과 복리를 확대시킬 수 있는가 하는 진취적 이념이 더 바람직한 조직의 원리가 될 것임에는 의심의 여지가 없다. 이때 이 조직에 속한 구성원간에는 차별의 원리가 적용되어야만 그 조직의 생명력이 유지될 수 있는

도올의 국가비젼

것이다. 그리고 거대사회를 구성하는 많은 사회들의 조직은 제각기 다른 원리를 가지고 작동되어야만 하며 그것이 어떤 평등 잣대에 의하여 획일화될 수는 없는 것이다. 이윤을 추구하는 회사조직, 전쟁을 수행하는 군대조직, 엔터테인먼트를 추구하는 예술조직, 사회봉사를 추구하는 엔지오조직, 이 모든 것은 완전히 다른 조직원리에 의하여 작동될 수 있는 것이며, 또 현실적으로 달라야 한다. 이 모든 것이 민주조직이라는 허명 아래 획일적 평등의 원리로 작동되면 다 괴멸되고 마는 것이다.

평등은 사회정의일 뿐, 그것은 게임의 룰

이와 같이 평등이라는 개념은 잘못 이해되면 인간세를 죽음과 파멸로 휘모는 원흉이 된다. 평등은 좋은 것이 아니라 나쁜 것이다. 평등은 삶이 아니라 죽음이다. 서구역사는 평등을 제대로 이해한 적이 별로 없다. 우리는 서구역사의 평등개념을 본받아서는 아니된다. 우리역사에 내재하는 중용(中庸)이나 화엄(華嚴)의 유구한 전통 속에서 평등의 가치를 도출해내야 하는 것이다. 평등이라는 개념은 반드시 파기되어야 한다. 그것은 사회정의 (social justice)와 같은 개념으로 바꾸어 이해해야 한다. 사회정의란 게임의 룰과 같은 것이다. 사회정의는 인간이 어떠한 게임을 실제로 펼치는가에 관여해서는 아니된다. 단지 그 게임이 룰에 합당한가 아니한가만을 따지면 되는 것이다. 그리고 그 룰은 게임의 종류에 따라 무수하게 다양할 수밖에 없다.

1990년 미국 USCD세계문명사회사학회에서 주창한 건강(Health)

그렇다면, 자유와 평등이 파기되면 우리에게는 어떠한 이상이 있을 수 있는가? 이것이 바로 내가 말하는 건강(Health)이다. 인류의 이상은 자유와 평등이 될 수가 없으며 건강이 되어야 한다는 것은 인류역사에 있어서 나 도올이 제일 먼저 창안한 개념이다. 내가 그러한 발상을 할 때만해도 그것은 매우 고독하고 공포스러운 포효였다. 82년도 귀국하면서부터 줄곧 나는 그것을 외쳐왔으며 90년 1월 미국 산디애고 캘리포니아대학(UCSD) 세계문명사학회에서 주창했던 것이다. 그 학회에는 나 외로 오오에 켄자부로(大江健三郎), 이소자키 아라타(磯崎新), 하루티니안(H. D. Harootinian), 나지타 테쯔오(Najita Tetsuo), 챨머 죤슨(Chalmers Johnson), 페리 앤더슨(Perry Anderson), 프레드릭 제임슨(Fredric Jameson), 가야트리 슈피박(Gayatri C. Spivak), 에드와드 사이드(Edward W. Said), 우자와 히로부미, 사카이 나오키, 미요시 마사오 등의 세계적인 거장들이 동참했다.

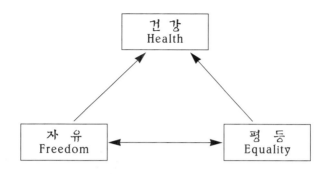

남한은 자유, 북한은 평등이라는 허구

자유와 평등이라는 개념의 파기는 우리를 많은 편견으로부터 해방시킨다. 마치 남한사회는 자유로운 사회며, 북한사회는 평등한 사회라는 식의 2분법으로부터 우리의 인식을 해방시킨다. 남한사회에는 북한사회보다 더 무서운 부자유가 존재하며, 북한사회에도 남한사회보다 더 혹독한 불평등이 존재한다. 도무지 인간사회를 그따위 엉터리 허구적 잣대로 접근해서는 아니되는 것이다. 남한도 자유로운 사회가 아니며, 북한도 평등한 사회가 아니다. 우리가 이제부터 21세기의 가치로서 추구해야 할 것은 남·북한 모두의 건강이다.

개성 성균관. 남한이나 북한이나 사람사는 곳

도올의 국가비젼

건강은 조화와 창발의 원리

건강이란 모든 유기체의 기본원리이며, 모든 사회조직의 모든 층차에 다 적용되는 원리이다. 그것은 다양한 요소들의 조화의 원리(Principle of Harmony)이며, 끊임없는 창발(Creative Advance)의 원리이다.

지금 이 서(緖)에서 인류역사의 지고한 이상으로서의 건강에 관한 모든 세목을 다 열거할 수는 없다. 그러나 건강이라는 개념이 매우 새로운 차원의 담론임에는 틀림이 없다. 예를 들면, 자유롭지 못한 인간도 건강한 인간일 수 있다. 자유보다는 속박을 원하면서 건강해질 수도 있다. 평등하지 못한 인간도 건강한 인간일 수 있다. 무차별보다는 차별적 공간에서 생활할 때 보다 더 건강해질 수도 있는 것이다. 따라서 건강이라는 디스꾸르(담론)는 자유와 평등이라는 디스꾸르와는 차원을 달리한다는 것을 알 수 있다.

건강의 정의, 불건강의 결여태

그렇다면 건강이란 무엇인가? 여기에 명백하게 내가 제시할 수 있는 것은 건강이란 정의가 불가능하다(undefinable)는 것이다. 그러나 정의불가능하다고 해서 이해하기가 어려운 것은 아니다. 그것은 매우 이해하기 쉬운 잣대를 하나 가지고 있다. 다시 말해서 건강이란 "불건강하지 않은 상태"라는 매우 명백한 규정이 가능하다. "불건강의 결여태"로서의 건강은 이해가 쉬워진다. 불건강은 이해하기가 쉽다. 불건강은 질병이며, 나의 몸의 상태가 정상적으로 작동되지 않는 것을 의미한다. 즉 나의 몸의 요소들의 코오디네이션이 잘 이루어지지 않는 상태를 말하는 것이다. 외인이든 내인이든 질병의 상태는 쉽게 규정되는 것이다. 따라서 건강이란 불건강에 대하여 상대적으로 즉 유동적으로 규정될 수밖에 없다. 이것은 곧 인류의 이상이란, 영원히 절대적으로 규정될 수 없는 것이며, 건강처럼 상대적으로, 과정적으로, 유동적으로 규정될 수밖에 없다는 뜻을 내포하는 것이다.

통일한국헌법: 자유와 평등의 헌법아닌 건강의 헌법

우리는 이제, 자유와 평등이라는 허구를 벗어나서 나의 몸(Mom)의 건강과 나의 몸과 같은 유기적 단위의 집합체인 사회의 건강을 추구해야 한다. 이것이 21세기 조선역사의 비젼이 되어야 한다. 이것이 내가 모두(冒頭)에서 말한 "건강한 사회"

도올의 국가비젼

라는 담론의 의미맥락이다. 나는 여태까지 존재하는 모든 헌법이 자유와 평등이라는 픽션을 테마로 한 것이기 때문에 이 테마가 건강으로 바뀌게 되면 자연히 헌법도 바뀌어야 한다고 생각한다. 21세기 새로운 조선의 헌법은 자유와 평등이라는 서구적 인권개념을 초월하는 주체적인 건강의 헌법이 되어야 한다고 생각한다. 이러한 논의는 중용(中庸)이라는 동양의 깊은 철리와 호미오스타시스(homeostasis)와 같은 역동적 생리학의 원리와 깊은 관련을 맺고 있다는 것만 힌트로 남겨두고자 한다.

경제잣대 하나로 건강한 도덕 폄하不可

여기 내가 『도올의 국가비젼』이라는 제목하에 모은 글은 대부분 지난 2년 동안 신문지상을 통해, 한 평기자의 신분으로서 발표했던 글들이다. 그런데 이 글을 한군데 모아 발표하는 소이연은 물론 긴박한 현시국과 깊은 관련이 있다.

많은 사람들이 국정이 표류하고 있다고 생각한다. 그러나 우리는 최소한 국정을 개인적 호·오로써 바라보는 오류를 범해서는 아니된다. 국정을 담당한 사람에 대한 개인적 느낌의 호오에 따라 국정의 기본방향에 대한 신념을 상실해서는 아니되는 것이다. 우리는 국정에 대한 방관자가 아니라 참여자로서, 끊임없이 바른 방향을 제시하고 건강한 사회를 만들기 위해 협동의 미덕을 발휘해야 하는 것이다. 과거 군사독재정권의 강압적 구조로 인해 경제발전이 보다 효율적으로 이루어졌다는 추억을 더듬으며, 지금 지지부진한 듯이 보이고 있는 권력의 분산이나 권위주의적 수직구조의 파괴가 일사불란한 경제성장을 주도하고 있지 못하다고 해서 역사의 가치관에 대한 근원적 믿음을 상실해서는 아니된다고 나는 믿는다. 이것은 분명 우리역사의 패러다임이 근원적으로 쉬프트되어가고 있는 과도기적 현상이며, 이 과도기적 현상은 그 나름대로 많은 긍정적 논리를 내포하고 있다. 오로지 경기의 하락이라는 하나의 이유만으로 우리역사의 근원적 도덕성의 회복이나 과거청산에 대한 집념, 그리고 주체적 사유의 증대를 비관적 절망감으로 도배질해서는 아니되는 것이다. 물론 그러한 정치를 행하는 자들의 방법론적 미숙함, 정책을 수행키 위한 거시적 비젼의 결여, 그리고 그러한 정책을 성공적으로 유도하기 위한 부수적 대안들의 빈곤, 불필요한 레토릭의 난무나 세련되지 못한 담론의 인식구조 등등은, 충분히 질타의 대상이 된다. 그러나 그럼에도 불구하고 우리역사는 그러한 어설픔이나 약점 때문에 역설적으로 오히려 더 큰 기회를 맞이하고 있다고도 말할 수 있는 것이다. 문제는 어떻게 이러한 역사의 진보의 기운을 수렴하여 긍정적인 미래를 창출하느냐에 당면한 조선지식인들의 사명이 있다.

반독재투쟁 감동연출의 환영에서 이제는 벗어나라 !

억눌렸던 계층이 국민대중의 평화로운 합의에 의하여 지배권력을 장악한 것은 단군이래 최초로 등장한 우리역사의 신기운임에는 틀림이 없다. 이것은 반만년 역사의 쾌거이며 기나긴 플레타르키아(Pletharchia: 민본사상, 내가 『동경대전』 역주에서 창안한 개념)전승의 승리이다. 이러한 새로운 기운은 여·야의 정략적 승패의 수단이 되어서는 아니되며, 누가 앞으로 대권을 장악하든지를 불문하고, 계승적으로 발전시켜나가야 할 플레타르키아의 엄숙한 정언명령이며, 누구도 거역할 수 없는 민본의 대세이다.

20세기 우리가 경험한 사회정의라는 것은 그냥 "반독재투쟁"일 뿐이었다. 반이승만독재투쟁이었으며, 반군사독재투쟁이었다. 독재투쟁은 이념적 반추나 정교함을 요구하지 않는다. 그냥 "반정부"면 다 통하는 것이다. 반정부시위는 물리적으로는 괴롭지만 이념적으로는 매우 쉬운 것이다. 그래서 과거에는 누구든지 그러한 투쟁에 가담했고, 그들은 동정과 격찬과 이념적 우위와 감동을 손쉽게 연출했다. 그런데 그 시절 그토록 사회정의를 절규한 많은 사람들이 지금은 침묵하고 있다. 웬일일까?

지금은 과거에 사회정의를 외친 사람들이 추구한 비젼의 상당부분을 정부가 실현하려 하고 있다. 그런데 아직도 우리사회는 무조건적인 "반정부"만이 사회정의라고 믿고있는 타성에서 벗어나 있질 못한 것 같다. 정부가 잘하는 부분이 있다고 한다면, 그 잘하는 부분을 잘한다고 칭찬하는 일이란, 지금은 오히려 과거에 감옥에 끌려가고 모진 고문을 받으면서도 반정부구호를 외쳤던 용기보다 더 무서운 용기를 요구하는 것 같다. 그리고 보다 치열한 이념적 성찰과 자기반성, 자기부정이 요구되는 것이다.

지성의 표면적 용기는 나약과 비겁일 뿐

내가 보기에 우리나라의 지성인들은 "단독자"로서의 양심의 판결에는 너무 우원한 것 같다. 그리고 너무 비겁하다. 냉철한 이성의 논리보다는 세태의 눈치를 너무 살피는 것 같다. 여기

도올의 국가비젼

모은 글은 최소한 그러한 비겁의 소산이 아닌 것만은 확실하다.

끝으로 나의 글은 오로지 나의 머리에서만 생산된 것은 아니다. 사계의 많은 전문가들의 지혜가 결집된 것이다. 국가전략과 관련하여 내가 일일이 지목할 수 없는 많은 지혜로운 채널들의 도움을 얻었다는 것만 여기 밝혀두고자 한다. 이 나라의 미래를 위하여, 대국을 항상 우려하며 끊임없이 판을 짜고있는 애국적 동지들, 그들이 고독하게 밑그림을 그리며 애통해하고 있는 나날도 함께 기억해주었으면 한다.

2004년 8월 27일 새벽1시

낙한재(駱閒齋)에서

제1장 도올의 국가비젼 서(緖)

개성농촌, 지나가는 남녘버스를 바라보는 시선은 해석의 여지가 너무도 많다

제 2 장 행정수도이전과 남북정상회담

이 장에 묶인 4편의 글, 「서언」, 「이 나라 어디로 가야하나?」, 「행정수도이전은 한민족사의 필연」, 「추비」는 2004년 8월 16 · 17일 이틀간에 걸쳐 『오마이뉴스』에 실렸던 글이다. 내가 정식적으로 인터넷신문에 기고한 것은 처음있는 일이었다. 나는 아직도 파커펜21로 글을 쓰고 있으며, 인터넷은 사용치 않아, 인터넷신문에 대한 감이 없다. 그런데 오마이뉴스측에서 나에게 독자반응에 관하여 전달해준 이야기는 다음과 같다.

1) 나의 글은 탄핵정국 피크시기의 반응을 상회하는 놀라운 반응을 보였다. 오마이뉴스 기사 역사상 가장 뜨거운 논란을 불러일으킨 글 중의 하나가 되었다. 더구나 그 시기가 태풍 · 올림픽 등으로 최하의 언론비수기였다는 것을 생각하면 얼마나 이런 글에 대한 국민의 열망이 강한지를 알 수 있다. 최소한 300만 이상의 독자가 읽었다고 추산된다.

2) 종이신문에 실린 것보다도 더 영향이 컸지만, 영향권의 범위가 주

39

로 나이가 젊거나 마음이 젊은 층에 국한된 것이 좀 아쉽기는 하다. 이런 글은 메이저신문에 실림으로써 보통때 이런 논리를 접할 기회가 없는 기득권의 사람들이 보았어도 의미가 클 수 있었다. 왜냐하면 읽기만 하면 설득력이 있기 때문이다.

3) 그러나 종이신문에 못실렸기에 오히려 더 전파력이 있다. 이러한 글을 안 실으려고 하는 사회계층의 압력이 선명하게 부각되기 때문에 진리탄압에 저항하는 세력의 의식이 보다 선명하게 모아질 수 있었다.

4) 이 글에는 수백 개, 포탈사이트까지 합치면 수천 개의 리플이 달렸는데 이토록 대부분의 반응이 긍정적인 유례는 별로 없었다. 찬·반을 떠나서 매우 진지한 리플이 달렸다는 것은 인터넷문화의 새로운 장이라 해야 할 것이다.

5) 도올과 같은 사상가가 인터넷신문에 기고를 하도록 이 사회구조가 그를 휘몰았다는 사실은 이 사회의 억압구조를 나타내기도 하지만 역설적으로 인터넷신문의 위상이 제고되었다는 것을 반증하는 사건이다. 도올과 같은 사상가에게 인터넷신문이 인증을 받고, 또 인터넷신문을 통하여 도올의 학문이 얼마든지 대중화될 수 있다고 하는 이러한 상생구조는 인터넷신문역사의 분수령을 기록하는 것이다. 앞으로 도올과 같은 무게있는 사상가들이 인터넷신문을 활발히 이용하는 계기가 되었으면 한다.

제1절 서언(序言)

가슴이 쓰리다. 지금 내가 『오마이뉴스』를 통해 국민과 더불어 소통하고자 하는 이 글은, 원래 7월 30일 통일부 전 직원을 상대로 한 나의 강연을 골격으로 한 것이다. 내가 정부종합청사내에서 통일부 전직원을 대상으로 강의를 한 것은 매우 이례적인 사건이었다. 내가 이 글을 집필케 된 동기는 나의 강연이 비공개로 진행된 것이었고 언론에 그 내용이 소개된 바 없어 많은 사람들이 그 내용을 간절히 알고 싶어했기 때문이었다. 그것이 강의의 구술형태로 전달되면 그 핵심적 논리가 와전되거나 발설의 분위기가 흐려질 위험성이 있기 때문에, 너무도 중요한 이 시대의 현안에 관하여 한 사상가로서의 입장을 논리적인 글로서 정리해 놓는 것이 정당한 절차라고 생각했다.

이 글의 내용은 진보나 보수, 좌나 우의 잣대로는 규정키 어려운, 우리시대의 모든 사람이 알아야 할 적나라한 진실이다. 그래서 나는 이 글을 한국의 소위 "메이저 언론"에 싣기로 마음먹었다. 큰 언론일수록 진보적인 글이나 자기들의 평소입장과 다른 내용의 글을 수용하도록 하는 것이 그들을 진심으로 도와주는 길이며, 분열된 사회분위기의 화합을 도모하는 길이라고 생각했기 때문이었다. 그래서 한 신문사에 접촉했더니 기꺼이 싣겠다는 응답이 왔다. 그래서 지난 금요일(8월 13일) 오전 11시 반경 그 신문사로 갔고 편집인과 대강의 합의도 보았고, 사진도 찍었다. 나는 8월 15일 노대통령 광복절 경축사와 함께 내글이 실릴 것이라고 확신하고 있었다. 그리고 일요일 아침 10시 연구실에 나와 노대통령이, 내가 코흘리며 툼벙에서 점벙대며 자라났던 나의 고향 천안 목천 독립기념관에서 아주 경쾌하게 원고도 보지않고 연설하는 모습을 지켜보았다. 영화 『화씨 9/11』에 나타난 미합중국의 정계를 연상해보면 대한민국의 리더들은 우리사회를 도덕적으로 이끌어가고자 하는 열망에 불타 있다는 것을 확인할 수 있었다. 그리고 신문편집까지 해본 경험이 있는 나로서는 내 글을 같이 실을 경우, 엄청난 여론의 상승적 효과가 있을 것이며 신문사에도 구체적으로 이익이 되리라고 낙관했다.

그런데 일요일(15) 오후 4시가 되었을 때, 신문사 편집인으로부터 전화가 왔다. 내일(월요일) 제1기고문은 실을 수 있겠는데, 제2기고문은 실을 수 없겠다는 것이었다. 그 이유인즉, "행정수도문제는 찬·반의 입장을 국민에게 같이 보여줌으로써 국민 스스로 합의된 결론을 이끌어가게하는 것이 본 신문사의 입장"이라는 것이었다. 그래서 나는 "제 글을 싣는 것이야말로 바로 찬·반의 의견을 공평하게 국민에게 제시하는 귀신문사의 입장이 아니겠습니까?"라고 반문했더니 난처하다는 입장만 되풀이했다.

솔로몬왕 앞에서 아이를 반으로 가를 수는 없다고 주장하는 자에게 진실이 있듯이, 한 글의 유기적 맥락은 반으로 가를 수 없다는 것은 너무도 명백하다. 소위 우리사회에 큰 영향력을 미친다 하는 신문이 도올의 글까지도 자기 구미에 맞는 것만 취사선택하려 한다면 결국 그 신문은 좁은 친족의 울타리 속에서 인브리딩하다가 소멸되어간 차르왕가처럼 점점 좁은 세계로 축소되어갈 것은 너무도 명약관화한 일이다. 그런데 더욱 더 한심하게 느껴지는 것은 나의 글의 정보가 과거처럼 메이저 신문사가 거절하여 완전히 이 사회로부터 차단되고 묵살된다면 다행스러울 수도 있겠지만, 이제는 그들의 차단을 넘어서는 정보의 공간이 우리사회에 충분히 확보되어 있다고 하는 명백한 현실을 그들만 모르고 있다는 것이다. 눈가리고 아웅일 뿐이다.

나는 우리사회에서 『오마이뉴스』의 존재를 이토록 감사하게 느껴본 적이 없다. 그리고 『오마이뉴스』와 같은 매체의 존재가 우리역사의 진로를 바꿀 수 있을 뿐 아니라, 『오마이뉴스』와 같은 쌍방적인 소통방식이 이 사회에 살아있는 한 우리사회의 민주는 퇴보할 수 없다는 확신을 갖게 되었다. 나의 글이 과연 권위있다 하는 메이저에 실리지 못할 글인지 독자 여러분들이 스스로 판단해보라! 그리고 앞으로 어떠한 매체가 이 시대의 메이저가 될 것인지 여러분 스스로 판단해보라!

2004년 8월 15일
오후 5시 30분
쓰린 가슴을 쓸어내리며
도올 김용옥 올림

2004년 6월 23일 MBC도올특강, 「우리는 누구인가」 종강장면.
이 글의 내용은 이 강의에서 처음 발표된 것이다.

제2장 행정수도이전과 남북정상회담

도올의 국가비젼

제2절 이 나라 어디로 가야 하나?

　인류의 역사는 광적 영감이다. 우리민족은 지금 한가하게 살수 있는 형편이 못된다. 우선 모든 사람이 경제위기를 실감하고 민생의 하락을 절감하고 있다. 일본은 독도를 자기땅이라 하고 중국은 고구려역사가 자기네 역사라고 주장하고 있으며, 미국의 네오콘들은 호시탐탐 한반도에서의 무력적 긴장감의 고조를 조장하고 있으며, 동아시아 역사 전체의 흐름에는 불길한 전운이 감돌고 있다. 북핵문제도 구체적 해결의 실마리를 잡지못한 채 방치되고 있으며, 무력충돌을 불사하겠다고 으르렁거리는 대만해협 양안(兩岸) 사이에는 타협이나 양보의 가능성이 봉쇄된 채, 세계열강의 이해가 빨려들어갈 수밖에 없는 블랙홀이 형성되고 있다. 아삐엔(阿扁, 츠언쉐이삐엔 총통의 애칭)은 타이뚜(臺獨: 대만독립)의 민진당을 이끌고 입법위원선거로 돌진하고 있고, 부시와 케리는 막바지 승부수로 돌입하고 있다. 네오콘이냐? 민주당이냐? 이 승부는 세계지도의 운명이 오가는 혈전이다.

우리운명은 오직 우리 스스로 개척해야

생각해보라 ! 우리나라가 분할된 유럽의 한 나라이거나, 저 뉴질란드처럼 세계긴장구도 속에서 쭉 빠져있다면 별 걱정않고 살아도 될지 모르지만, 한반도 주변엔 작은 나라는 없고 세계 모든 열강의 관심이 지정학적으로 직접 맞닿아있다. 러시아·중국·일본·미국의 이해관계가 직접 얽혀있을 수밖에 없는 22만㎢의 땅을 이 지구상에서 한번 찍어보라 ! 눈을 붉히고 항상 그들의 동태를 살피며 슬기로운 생존의 길을 모색해도 될까말까한 이 시점에 우리는 뉴질란드사람들보다도 훨씬 더 나른하고 편안하게 살고 있다. 그러면서 온갖 투정은 다한다 ! 잘 살게 해다오 ! 하늘은 스스로 돕는 자를 돕는다. 우리가 잘 살 수 있는 길은 오로지 우리운명을 우리 스스로 개척할 때만이 잘 살 수 있는 것이다.

문명의 축의 이동

인류의 역사는 "문명과 힘의 축"의 이동으로 특징지워진다. 수메르-아카디아문명에서 에집트문명으로, 희랍문명으로, 로마문명으로, 그리고 게르만문명으로, 그리고 스페인, 영국, 불란서의 흥망과 성쇠로, 그리고 20세기에는 세계문명의 주축으로 미국이 확고하게 자리잡았다. 20세기 초기에 잠깐 영국의 해군력이 세계를 제패해본 적이 있지만, 현재 미국의 군사력은 미국을 제외한 세계 모든 나라의 군사력을 합친 것보다 더 쎄다. 그리고 미국의 지배영역은 인류사상 존재했던 어떠한 제국보다도, 알렉산더의 헬레니즘제국이나, 케사르의 로마제국, 징기스칸의 몽골제국, 그 어느 제국보다 글로발하다. 그 영향력이 전 지구촌 구석구석 아니 미치는 곳이 없다. 세계의 주요해협을 다 장악하고 있으며 제공권 또한 막강하다. 유럽역사의 모든 위대한 전승이 프로테스탄티즘과 함께 미대륙으로 결집되고, 히틀러의 난동이 유럽의 최상의 과학자들과 최고의 무형문화재들을 다 자유의 여신상 아래로 집결토록 만들어주었기 때문에 20세기 미국은 미증유의 레바이아탄이 되어버린 것이다. 과학문명의 축복을 막강한 군사력과 경제력으로 연결시킨 것은 미국의 교육자원이었다. 인류에게 자유의 희망을 주었던 미국이 제2차 세계대전을 빌미로 냉전체제를 구축하면서 무소불위(無所不爲)의 괴물이 될 줄이야! 그 결정적 계기를 마련해준 것은 6·25라는 한반도의 비극이었다. 그것은 강대국들에 의하여 유도된 전쟁(induced war)이었으며, 우리민족은 남·북이 다 무지함 속에 그 유인에 휘말려 들었을 뿐이다. 이제 그 비극을 우리는 되풀이 할 수는 없다!

자아! 인류의 미래는 어디로 가고 있는가? 냉전 후 미국의 독주체제는 어떻게 흘러갈 것인가? 20세기 미국이라는 문명주축은 21세기에도 계속 그 자리에 머물러 있을 것인가? 만물유전(萬物流轉)이라, 모든 것은 흐른다. 미국축은 이제 타 문명권으로 이동할 수밖에 없다. 여기에 세계사적 관심은 자연히 중국이라는 새로운 레바이아탄으로 옮겨질 수밖에 없다. 이러한 논의를 보다 정교히하기 위해 미국의 우월성(American Supremacy)이 쉽사리 깨질 수 있다는 관망은 하지 말자. 앞으로 30년간은 그 우월성이 어차피 유지될 것이다. 그러나 향후 30년은 미국의 주도권이 분산되어가는 흐름임에는 틀림이 없다.

중국이라는 문명축의 미래모습

중국의 미래는 곧 인류의 미래다 ! 서양
에서는 문명의 축이 계속 이동했지만 동양
에서는 문명의 축이 공간적으로 고정되었
으며 대신 분열과 통합이라는 다이내믹스
만 존재했다. 그 축은 말할 나위 없이 중국
이다. 중국민족이 중국을 다스린 것이 신
농·복희이래 긴 역사의 절반밖에 되지 않
는다. 그러나 현재의 중화인민공화국은 역
사상 존재해본 적이 없는 대통합을 이룩했다. 모택동의 천하통
일은 진시황의 천하통일을 크게 능가하는 것이다. 에집트문명
이 오늘날까지 그 자리에서 문명의 축을 연속적으로 장악하고
있는 것과도 같은 형국이다. 그래서 중국이라는 축적된 전승의
괴력이 존재하는 것이다. 게다가 사회주의적 뷰로크라시의 획
일성·효율성·권위주의를, 자본주의적 개방성·능률성·성
과주의와 매우 교묘하게 결합시켰다. 소비에트가 그러한 결합
에 실패한데 반하여 중국이 성공할 수 있었던 것은 유교라는 기
나긴 전승의 결합매체가 있었기 때문이었다.

그러나 한번 생각해보라! 미국이 현재 인류전체인구의 4.6% 밖에 되지 않으면서 세계에너지자원의 40%를 쓰고 있다. 그런데 중국의 자본주의적 발전이, 인류인구의 21%를 차지하면서, 미국식의 슈프리마시를 추구한다면 인류의 장래는 어떻게 될까? 지구가 하나 더 있어도 모자라게 될 것이다. 다시 말해서 향후 중국의 미국식 발전모델은 물리적으로 불가능한 것이며 도덕적으로 부당한 것이다. 그러나 중국이라는 괴물에 이미 붙어버린 관성의 체계는 그 파국을 향해 치닫고 있다. 상하이 푸똥은 뉴욕 맨해튼의 천박한 복사판으로 변모되어가고 있는 것이다.

중국이라는 파우어에 대한 세계열강의 견제

생각해보라! 엊그제 아시안컵 축구결승에서 중국이 실력으로 정당하게 졌음에도 불구하고 상대방인 일본에게 행패부리는 난동과 망동을! 한국이 결승에 안 올라간 것을 다행이라고 자위하기 전에 한번 생각해보자! 미국이 이라크를 침공하는 그러한 황당한 부도덕성보다 더 저열한 부도덕성을 엄격한 룰이 있는 스포츠정신에 있어서까지 그토록 전국민이 열광적으로 발현하고 또 그것이 조장되고 있다고 한다면 중국이라는 파우어의 개방과 발전이 과연 인류사에 무엇을 의미할 것인가? 모택동의 문화혁명이 중국의 비극이었다고 말하기 전에 문화혁명을 극복하는 과정이 그나마 문화혁명이 지녔던 어떤 자내적 순결성을 처절하게 짓밟고 있다는 사실을 어떻게 해석해야 할까? 오늘의 중국의 이 현실이 과연 옳은 것인가? 그럼에도 불구하고 일본이 중국에게 항의조차 할 수 없는 까닭은 일본인의 행태가 남경에서 30만의 인민을 학살하고 수천수만의 조선의 여인과 남정의 인권을 유린한 역사를 왜곡하면서도 거짓으로 덮으려고만 하고 있기 때문이 아닐까? 이렇게 적나라한 부도덕한 힘의 대결구도 속에서 과연 우리민족은 어떻게 살아남아야 할 것인가?

세계의 열강은 물론 중국의 힘의 비대를 원치 않는다. 중국과 공존을 모색하면서도 그것을 어떻게 견제하는가에 모든 관심의 초점이 몰리고 있다. 미군의 전략적 재배치구상이나 MD구축은 모두 이러한 이유에서 등장하고 있는 세계사적 기류다. 그런데 이러한 기류 속에서 태어난 기적적인 기화(奇花)가 바로 츠언쉐이삐엔이 이끄는 타이뚜(臺獨)운동인 것이다.

대만의 역사

대만은 본래 남도어계(Austronesian languages)의 폴리네시안

원주민의 해양문화로 중국역사에 전혀 등장하지 않는다. 그것
이 역사에 등장한 것은 1498년 바스코다가마가 유럽-아시아 직
항로를 개설한 이후이며 스페인, 포르투갈, 네덜란드의 식민지
가 된다(하멜 제주도표류는 이때 이루어진 사건, 1653년). 그리고
반청복명의 기치를 내세웠던 정성공(鄭成功)이 청에게 패배하
여 이곳에 네덜란드 총독부를 몰아내고 정씨왕국(1661~1683)
을 세운다. 그후 정씨왕국은 청조에 복속되었고, 근세에 와서
우리나라 동학혁명을 계기로 발발한 청일전쟁에서 청조가 패
배하자 그 댓가로 대만섬과 팽호열도를 일본에게 할양한다(마
관조약). 그리고 51년간의 식민통치 후 1945년 일본은 물러나면
서 당시 중국에는 대만을 접수할 수 있었던 국체(國體)가 없었
기 때문에 국민당(黨)에게 권력을 이양할 수밖에 없었다. 대만
을 접수한 국민당, 그 오합지졸의 군인들은 그나마 질서있었던
일본식민통치의 룰조차 무시하면서 행패를 일삼게 된다.

2 · 28사건의 참상

그러다가 1947년 2 · 28사건이 터진다. 국민당 전매국단속원
이 양담배를 판매하던 할머니를 총개머리로 으깨버린 사건에
서 발발한 2 · 28사건으로 무려 2만명 이상의 대만인이 학살되

도올의 국가비젼

대만 총통부

었다. 5 · 18광주사태에서 흘린 수백명의 피의 통한을 생각해
볼 때, 피젖은 대만산하의 비극의 심각성은 공감되고도 남음이
있을 것이다. 그 뒤 대만은 38년동안이나 국민당 계엄통치에서
지내야만 했다.

  대만인은 한 국가의 국민으로서의 자신의 아이덴티티를 가
져본 적이 없다. 스페인-포르투갈-네덜란드-정성공-만청-일
본-국민당, 이 400년의 역사가 식민의 역사일 뿐이다. 그들은
중국이라는 아이덴티티를 거부할 충분한 이유를 가지고 있다.
85%를 차지하는 대만인 스스로 자신들의 국가를 건설하려는

노력! 그것이 바로 타이뚜(臺獨)운동인 것이다. 그것은 동아시아에서 유일하게 경제발전과 민주화에 동시에 성공한 두 나라가 한국과 대만이라는 이 역사적 기류에 뿌리박고 있는 것이기에, 건강한 민중의 자각이며 보다 합리적이고 도덕적인 아시아를 위한 사회변화인 것이다.

대만은 침몰하지 않는 항공모함

대만은 작은 나라이지만 일인당 GNP가 2만2천불에 달하는 선진국이며, 외환보유가 세계 제2위의 나라이며 2천억불이상을 해외에 투자하고 있는 투자대국이다. 그리고 그들이 보유하고 있는 공군력과 해군력은 중국이 현재 함부로 맞설 수 있는 수준이 아니다. 육군보병만이 우위를 점하지만 중국의 육군이 대만을 점령할 수 있는 챤스는 희박하다. 그래서 미사일공격에 의존할 뿐이지만 대만의 막강한 공군력은 본토에 치명타를 가할 수 있다. 대만의 로비스트들은 현 미국의 네오콘과 한통속이며, 일본의 우익적 성향의 모든 파우어와 깊게 결탁되어 있다. 그리고 미국으로부터 182억불의 무기를 구입하려고 하고 있다. 미국은 침몰치 않는 대만이라는 항공모함을 포기할 하등의 이유가 없다. 그리고 대만인은 홍콩식 일국양제(一國兩制)를 수용해야 할 하등의 이유가 없다.

중국대륙의 힘의 역학, 군부와 행정부

중국본토의 사정은 어떠한가? 지앙쩌민(江澤民)은 2002년 11월 전당대회를 열어 후진타오(胡錦濤)에게 당총서기를 넘겨주었고 작년 3월 전인대회에서 국가주석을 넘겨주었다. 그러나 지앙은 아직도 당군사위주석을 장악하고 있다. 아직도 군권이라는 실권을 장악하고 있는 것이다. 후진타오나 원지아빠오(溫家寶)와 같은 4세대 지도부는 매우 이성적이며 세계화의 질서에 편입할려고 힘쓰며, 중국사회의 근본기강이 합리화되는 것을 원한다. 그러나 중국군부는 경제권까지 쥐고있는 막강한 이익집단이며 중국사회가 밑에서부터 합리화되고 민주화되면 될수록 체질적으로 불안감과 거부감을 느낀다. 강력한 군부 뷰로크라시의 만연된 부패의 타성을 지속하고 싶어하는 것은 본능인 것이다. 따라서 오늘 중국본토의 정세는 지앙으로 대변되는 군부세력과 후로 대변되는 합리적 행정관료세력의 갈등이 기조로 깔려있다. 그런데 군부는 대만문제를 인민해방군의 미해방지구에 대한 해방전선으로 활용하여 그 존재이유를 확고히 하고 후진타오세력에게 일격을 가할 수 있는 빌미로 삼으려 한다. 자본주의의 물결에 타락하는 인성을 핑계삼아 기득권을 지키고자 하는 중국의 군부는 5·17직전의 전두환 신군부와도 같은 긴장감속에 싸여 있다. 대만의 대륙계 외성인(外省人)들은 아이러니칼하게도 대륙에 투자를 해서 돈을 벌고 있으며 결과적으로 이러한 군부의 동향에 일조를 하고 있는 셈이다. 따라서 후진타오는 이러한 문제에 대하여 한반도문제를 포함, 미국을 중재시켜 대만문제까지 평화적 해결방식을 모색하는 것을 서두를 수밖에 없다.

한반도에 천우신조의 기회가 오고있다

나는 2003년 8월 대만에 가서 대만대학 동문인 츠언총통을 만났고 그의 재선을 예언했다. 2004년 3월 20일, 그가 피눈물 나는 선거에서 승리했을 때 나는 무릎을 치면서 우리민족의 미래에 서광이 비친다고 생각했다. 대만해협의 블랙홀화는 코소보, 이라크이래 또 하나의 화약고로서 한국을 바라보는 미국 매파의 시각을 회전시킬 수가 있기 때문이다. 미국이 일본을 중심으로 전력투사기지(PPH)를 건설하고 주한미군기지를 이전한다고 하는 것은 한국이 2등급국가로 전락하는 것이 아니라 오히려 안전지대로 빠지게 되는 천우신조의 기회가 오는 것이다. 미·일의 군사적 동맹이 강화되면 강화될수록 우리에게

도올의 국가비젼

중경남로 대만 총통부에서 츠언총통과 함께, 2003년 8월 28일

는 매우 유리한 평화전략의 조건이 형성된다. 인민일보가 운영
하는 국제문제전문지『환구시보』(7월 12일자)는 유사시 일본이
대만해협에 개입할 것이라는 결론을 내렸다. 츠언총통은 2006
년까지는 대만독립의 헌법을 마련할 것임을 강력히 시사하고
있다. 중국은 지난 5월 17일, 2008년 올림픽 이전에 어떠한 희
생을 감수하더라도, 즉 올림픽을 무산시키고, 경제성장을 멈추
고, 대미관계의 정면대결을 불사하더라도 대만독립을 저지시
키겠다고 선언했다. 중국은 지금 대만전선에 전력투구를 해야
한다. 한국과 대만이라는 두 개의 전선(Two Fronts)을 감당할

여력도 없고 필요도 없다. 한반도의 정세는 완화시키는 방향에서 진행시키면서 대만이라는 하나의 전선을 고집해야 한다. 그러나 미국의 네오콘은 한반도와 대만해협의 두개 전선을 유지하는 것이 중국견제에 더 효율적이라고 생각한다. 북핵에 대한 리비아식 해법운운 하지만 그것은 언제고 아전인수 식으로 뒤집을 수 있게 되어있다.

미국의 대선전에 남·북의 정상은 만나라!

지금으로부터 5개월! 우리에게는 일각이 천추같은 시간이다. 미국은 선거기간동안에는 꼼짝하지 못한다. 부시의 낙선을 전제하고 우리의 전략을 짜서는 아니된다. 11월말! 늦어도 12월말까지는, 다시 말해서 미국의 새로운 한반도 정책이 고착되기 이전에 우리는 미국의 동북아전략구상에서 평화의 벨트로 빠져나가야 한다. 두번 다시 오기 어려운 절호의 대운을 세계사는 우리에게 허용하고 있는 것이다. 어떻게 해야할까? 대답은 간단하다! 국민이 총합심해서 지난 6·15 공동선언을 재확인하고 김정일위원장의 답방을 실현시키는 것이다. 그가 못내려오겠다면 노대통령이라도 다시 올라가야 한다. 핵문제해결이 정상회담의 전제가 될 수는 없다. 오히려 정상회담을 통해 핵문제가 주체적으로 풀려나갈 가능성이 있다. 11월 이전에 어떻게 해서든지 남북의 정상이 만나 조선반도는 강대국들의 군사적 대결의 영토가 아니라, 세계인들을 위한 평화공존의 영토며, 경제협력의 영토며, 문화교류의 영토라는 것을 만방에 선포해야 한다.

북한도 깨어나야 한다! 장고끝에 악수를 두지마라! 그대들이 생각하는 것보다도 남한의 동포들은 마음이 열려있다. 억압받아왔던 계층이 평화적 다수의 합의에 의하여 정권을 획득한 오늘 남한의 사태는, 북한정권에게도 과거의 무조건적인 대립구도를 파기하고 슬기롭게 한민족 공동의 운명을 개척해나가야 하는 의무감을 부과하는 사태인 것이다. 북한정권의 담당자들은 적극적으로 이 금수강산의 평화를 위해 마음을 열어야 하며, 가상적 두려움에서 벗어나야 한다. 우리의 문제는 당사자인 우리들끼리 먼저 해결해야만 하는 것이다. 그렇게 함으로써 주변국의 이해관계가 우리를 따라오지 않을 수 없도록 만드는 "쓰리쿠션"의 지혜를 발휘해야 하는 것이다. 통일부의 사명은 바로 이러한 지혜를 짜내고 물밑접촉을 통해 그 지혜를 현실로 실현시키는데 있는 것이다. 북한도 미국의 뒷다리 잡는 것이 장땡이라는 어리석은 사고에서 하루속히 벗어나야 한다.

단 정상회담은 그냥 만난다고 되는 것이 아니라 치밀한 사전 구상의 콘텐츠가 이루어져야 한다. 그 콘텐츠는 "행정수도이전" 이라는 중대한 함수의 고려가 없이는 짜여질 수가 없다. 이 땅의 국민들이여 ! 이 도올의 애절한 호소를 한번 더 들어보라 !

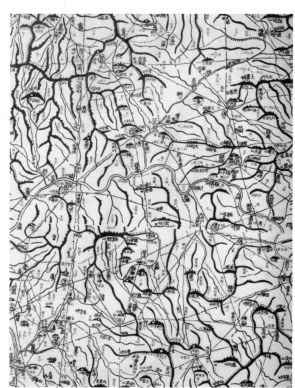

대동여지도,
공주, 연기, 계룡산.
인쇄체 주기(註記)는
김정호의
『동여도』(東輿圖)에서
첨가된 것

제3절 행정수도이전은 한민족사의 필연

역사는 줄다리기가 아니다. 줄다리기는 동네민속놀이에서나 재미있는 짓거리가 될 수 있을지언정, 역사에서는 폐기되어야 하는 게임이다. 역사란 주어진 상황에서 그때그때 전략적 목표를 설정하고 누가 먼저 효율적으로, 악을 줄이고 선을 증대시키는 방식으로 그 목표를 달성하는가를 겨루는 게임이다. 우리의 현재 목표는 매우 명료하고 단순하다. 민생(民生)의 안정이다. 맹자도 무항산(無恒産)이면 무항심(無恒心)이라 했다. 개혁? 좋다! 뭐 때문에 개혁하자는 거냐? 개혁도 궁극적으로 민생의 안정이 없이는 무의미한 것이다. 지금 우리는 줄다리기를 할 때가 아니다! 빨리 줄을 놓고 양 팀이 모두 민생의 안정을 위해 더 효율적인 방법으로 목표를 달성하기 위해 뛰어가는 달리기를 해야한다. 행정수도를 이전해야 되느냐 마느냐? 이 따위

형편없는 줄다리기 노름에 온 국민이 놀아나고 있으니 통탄스럽고 한탄스럽고 개탄스럽다. 나 도올의 안목에서 볼 때 도무지 부끄러워 몸둘 바를 모르겠다.

메갈로폴리스에서 네크로폴리스로

도시 문명론자 루이스 멈포드(Lewis Mumford, 1895~1988)는 인간의 도시는 에오폴리스에서 폴리스로, 폴리스에서 메트로폴리스로, 메트로폴리스에서 메갈로폴리스로, 메갈로폴리스(Megalopolis)에서 네크로폴리스(Necropolis)로 진화한다고 주장했다. 서울은 현재 메트로폴리스를 넘어선 메갈로폴리스다. 네크로폴리스란 모든 것이 해체되어 가는 죽음의 도시다. 서울은 죽음에 직면하고 있는 것일까?

태조 이성계는 무학대사의 권유에 따라 새 수도를 산태극 수태극이 겹치는 계룡산 기슭에 정하려했다. 내가 이런 말을 들먹이면 한학의 대가라고 신비로운 풍수로 우중을 현혹하려한다 말할 것이다. 걱정말라! 나 도올은 얄팍한 수를 쓰지 않는다. 행정수도이전문제는 당면한 구체적 우리의 현실의 문제로부터 치밀하고 치열하게 분석해들어가야 한다. 그것은 지방분

도올의 국가비젼

권이니 국토균형발전이니 하는 따위의 상투적 레토릭으로는 먹혀들어가지 않는다. 그것은 국제정세와 민족통일의 비젼 그리고 남북한 군축문제와 더불어 과학적으로 분석되어야 한다. 행정수도이전은 우리민족사의 필연이다 !

북핵문제는 근본적으로 실체가 없는 강대국놀음

많은 사람들이 북핵문제를 남북통일의 최대의 걸림돌로 생각한다. 그것은 오관이다. 플루토늄방식이니 고농축우라늄방식이니 하는 따위의 이야기들은 국제적 역학 속에서 북한이 고의적으로 빌미를 주었기 때문에 생겨난 단순한 "잇슈"일 뿐이며 그것은 사실적이고 경험적인 판단에 기초한 언설이 아니다. 성공적인 핵실험도 없었으며 아무도 그 실상을 모른다. 그럼에도 불구하고 그것이 계속 문제되는 것은 그 언설로 인하여 기묘한 동북아의 국제역학기류가 끊임없이 생산되며, 그것을 누가 자국에게 유리한 방향으로 선취하냐에 따라 승패가 오가는 게임의 양상을 띠고 있기 때문이다. 그래서 그 게임은 결국 국제적 역학 속에서 해결될 수밖에 없는 문제이다. 그러나 현실적인 국지전은 핵무기로 이루어지는 것이 아니다. 더더욱 중요한 것은 남·북한 양국의 군사편제가 모두 핵을 중심으로 이루어진 것이 아니라는 사실이다. 실제의 국지전은 모두 재래식 무기로 이루어지는 것이며 여기 가장 문제가 되는 것은 장사정 포의 사정거리에 관한 것이다.

박정희의 베트남충격과 수도이전구상

1975년 4월 30일 오전 10시 45분, 사이공 대통령궁의 정문을 월맹의 탱크 중대가 돌파했다. 2층의 집무실에서 민 장군 (General Minh)은 항복문서를 들고 기다리고 있었다. 월맹 탱크 중대의 윙(Nguyen) 중위가 뚜벅뚜벅 들어왔다. 민 장군은 말했다: "그대를 기다렸다. 항복하노라." 윙 중위는 말했다: "그대는 항복할 자격이 없다. 그대는 이미 항복할 아무 것도 가지고 있질 않기 때문이다."

당시 박정희 대통령은 이 사건에 충격을 받았다. 미국이 월맹에 지다니 ! 미국이 사이공을 포기하다니 ! 아~ 이럴 수가 ! 박정희 대통령은 그해 5월, 진해휴가지에서 베트남공산화→미중관계의 격변→북한의 기습남침이라는 새로운 가능성에 대한 대국의 장고를 시작했다. 그리곤 새삼 충격에 휩싸였다. "아니, 6·25전쟁을 치른 이승만이 어떻게 수도를 서울에 고집했단 말인가? 아니, 이것은 적의 총칼 끝에 모가지를 드리밀고 있는 형국이 아닌가?" 북한의 모든 전력은 휴전선 전방에 70%가 전진배치되어 있었다. 그것은 방어전략이 아닌 브릿츠크리크(blitzkrieg)의 기습적 공격전략인 것이다. 유사시엔 군사력을 집중시켜 단기간내 서울을 장악하고 그것을 인질삼아 협상을 시작하겠다는 것이다. 서부전선 최단거리는 20km ! 도봉산에서 영등포가는 거리밖엔 되지 않는다. 철원 삼각지 중부전선도 의외로 취약하다. 이승만은 휴전을 인정하지 않았다. 그에겐 승공 · 멸공통일이라는 이념적 픽션만 있었을 뿐이다. 현실적 전략적 고려가 전무했다. 박정희는 청와대 제2경제수석 오원철에게 극비의 명령을 내린다: "휴전선에서 평양이 떨어진 만큼은 수도가 남쪽으로 이전해야하네 ! 180km 對 40km ! 이건 도대체 어불성설이야 ! "

오원철 리포트

오원철은 391명의 각계 전문가를 참여시키고 5년동안 장대한 국토개조계획에 들어갔다. 헬리콥터를 타고 연기와 공주군에 속한 장기지구를 내려다보았을 때 그는 무릎을 치면서 이와 같이 말했다: "하늘이 이 나라를 버리지 않았구나 ! 이토록 위

대한 땅을 남겨놓았다니 ! " 오원철은 그곳을 중핵으로 4개의
환상선과 8개의 방사선을 연결해 거미줄 모양으로 간선망을
계획하고 국토 어디든지 최단시간에 도달하는 물류체계개편의
구상을 완성한다. 79년 10월초였다. 그러나 10월 26일 밤, 박
정희는 궁정동의 총성과 함께 사라졌다.

남·북한 군축과 행정수도 이전

우리는 이제 이러한 북한군의 올인(ALL-IN)전략과 박정희의
새로운 방어전략을 보다 긍정적인 남북통일의 평화전략으로 역이
용해야 할 시점에 이르른 것이다. 남북통일이란 무엇인가? 우선
통일의 의미를 정확히 규정하기 전에, 통일에로의 길이 남·북
한 쌍무간에 군축의 협의가 없이는 무의미하다는 것을 상기할
필요가 있다. 군축이란 단순히 군대의 파우어를 축소시킨다는
의미가 아니다. 나라 전체의 경쟁력을 제고시키기 위해서 한민
족간에 서로를 죽이기 위한 대치구조를 해소시키고 군축을 통
하여 국방력을 정예화시킬 필요성이 절실하다는 의미인 것이
다. 그러기 위해서는 북한의 전방배치가 후퇴해야 한다. 서울
을 향한 총부리가 돌려져야 한다는 것이다. 우리는 가뜩이나
일산·파주에까지 신도시를 개발해놓았다. 과연 북한 군부는

헬기에서 바라본 신행정수도 예정지.
왼쪽 상단에 전월산(轉月山)이 있고 그 앞에 금강이 펼쳐지고 있다

전방배치의 총부리를 돌릴 것인가? 그것은 전혀 불가능하다!
북한군으로서는 어떠한 경우에도 수도 서울의 공략이점과, 유사시의 전격전 가능성, 남한의 대량살상무기가 그들과 서울이 뒤섞이기 때문에 결코 사용될 수 없다는 자기방위적 이점을 포기할 수 없는 것이다. 50년 동안 구축해놓은 북한군부전략의 수정은 불가능하다. 그렇다면 어떻게 해야 하는가? 대답은 너무도 명약관화한 것이다!

제2장 행정수도이전과 남북정상회담

행정수도를 연기·장기지구로 옮김으로써 북한군부전략이 수정될 수 있는 명분을 제공하고 새로운 군축의 가능성을 탐색해야 한다. 수도가 후방으로 재배치되면 북한군부는 후방의 허전함을 느끼지 않을 수 없으며, 아군의 정밀한 장사정포 공격이나 미사일공격에 대비하지 않을 수 없게 된다.

21세기 황해문화권 어반 클러스터 중심으로서의 행정수도

혹자는 노무현 대통령의 행정수도이전구상이 선거득표용으로 개발된 정략적 논리래서 무조건 반대해야한다고 말한다. 지금 누가 어떤 말을 어떤 의도에서 했든지를 불문하고 이 민족, 이 역사의 명운의 대세를 결정하는 호사라면 우리는 적극 수용해야 하는 것이다. 이미 육·해·공 3군본부가 계룡산 신도안에 이주되어 있으며 대전 대덕에 광대한 첨단과학연구단지가 성공적으로 조성되어 있으며 우리나라의 리딩 기업인 삼성이 아산만 지역에 미래형 기업도시를 기획하고 있으며 군산항 아래의 새만금은 앞으로 황해문화권의 리딩롤을 할 수 있는 새로운 유기체적 갯벌 제방도시로 등장할 수 있다. 박정희시대의 경제개발계획들은 대구·포항·울산·부산·김해·마산·창원의 유기적 어반클러스터를 형성하여 물류를 효율화시킴으로써 달성된 것이다. 앞으로 동북아시대의 새로운 경제개발계획은 아산 · 연기 · 대전 · 군산 · 새만금의 유기적 어반클러스터를 통해 600년 동안이나 죽어 있었던 황해를 살려내고, 대중국의 새로운 세계물류센타를 영종도 · 인천 · 목포와 연결하여 확보함으로써 동북아중심의 새로운 황해문화공동체를 만들어내야 하는 것이다. 동북아중심국가니 평화번영정책이니 하는 따위의 거창하기만 하고 허황된 레토릭에 함몰되지 말고, 구체적으로 티엔진으로부터 옌타이 · 칭따오 · 르자오 · 상하이 · 산터우 · 선추안 · 홍콩을 연결하는 중국 해안문화의 발전에 대한 구체적인 대비책을 강구해야 하는 것이다. 그 허브에 섬세한 국제적 감각의 대제국이었던 백제의 수도 웅진(熊津)지역의 신행정수도가 새롭게 자리잡게 되는 것이다. 그렇게 됨으로써 경상남북도 지역의 어반클러스터도 새로운 탄력을 얻게된다. 이것은 우리민족사의 필연이다 ! 예로부터 웅진 곰나루는 산똥반도 · 중국연안으로부터 일본 큐우슈우에 이르는 방대한 해양제국의 중심이었다. 일본이 아직도 백제를 "쿠다라"라고 부르는 것은 이 지역의 지명과 관련이 있다.

통일한국의 수도는 개성, 그래서 이전불가?

혹자는 말한다 ! 통일한반도의 수도로서는 개성이 제일 적합하다. 그래서 지금 수도를 옮길 필요가 없다. 참으로 가소로운 망언이다! 우리는 여기서 통일의 구체적 의미를 짚어볼 필요가 있다. 현재 한반도에 있어서 통일이란 이데올로기적 허명에 불과한 것이다. 입으로는 "우리의 소원은 통일"이라는 노래를 부르면서 남·북한 그 어느 누구도 마음속 깊이 통일을 갈망하는 자가 없다. 최소한 통일을 원하는 자보다는 통일을 원치않는 자가 더 많은 것이 우리의 적나라한 현실이다. 통일을 원치않는 기득권자들의 조소와 냉소와 방관 속에서 통일의 과업을 달성해야 한다는데 그 어려움이 있는 것이다. 남·북한이 다 마찬가지다. 통일은 현실이 아닌 당위요, 자인이 아닌 졸렌이다. 우선 독일식 흡수통일(merging)은 불가한 것이다. 그리고 그러한 통일은 우리만 원치 않는 것이 아니라 우리를 둘러싼 주변의 모든 강대국이 원치않는 것이다. 그렇다면 통일의 현실적 방법은 무엇인가?

연합제와 연방제

여기에 바로 6·15공동선언 제2조의 현실적 감각과 그 비전의 위대성이 있는 것이다: "남측의 연합제와 북측의 낮은 단계의 연방제의 공통점을 인정하고 그 방향에서 통일을 지향시켜

나간다." 이것은 무슨 뜻인가? 이것은 양국체제를 일단 명확히 인정한다는 뜻이다. 행정·군사·외교의 폴리테이아를 독립적으로 인정하고 경제·문화·환경·보건·교육·재해대책 등의 공동사안을 위해 협력하고 교류한다는 것을 의미한다. 교류의 전제는 양체제의 인정이다. 우리나라는 휴전중이다. 휴전이란 전쟁중인데 잠깐 쉬고 있다는 뜻이다. 가소로운 일이다! 이승만이라는 비젼 흐린 독재자에 의하여 남북상잔의 비극은 무책임하게 끝나버리고 만 것이다. 그리고 휴전협정의 당사자로 참여치도 못한 것이다. 우리의 당면과제는 하루속히 휴전협정을 평화협정으로 전환시키며, 전쟁의 종료를 선언하고 더 이상 유엔군이 휴전선의 당사자가 되지 않도록 해야 하는 것이다. 북한과 남한이 서로의 체제를 인정함으로써 주체적으로 자주적으로 우리 스스로의 운명을 우리가 결정해야 하는 것이다. 일례를 들면, 탈북자문제도 미국의 이중적인 인권정책에 우리가 휘말려서는 안된다. 근원적으로 북한을 그곳 주민들이 탈북을 원치않는 사회로 만드는데 기여하는 것이 보다 근원적인 인권정책인 것이다. 나는 탈북자문제에 관해서는 통일부 소관에서 복지부 소관으로 그 담당기관이 바뀌어야 한다고 생각한다.

서울과 개성을 연결하는 평화회랑(Peace Corridor)

남·북의 체제인정이란 곧 양국의 수도를 건강하게 활성화 시키는 것을 의미한다. 백두대간의 형국을 보라! 백두산에서 뻗쳐내려오는 대간은 묘향산을 스쳐 금강산·설악산·오대 산·대관령을 거쳐 지리산까지 내려오다가 다시 300리 금남정 맥을 타고 올라와서 계룡산에서 끝난다. 그 곳 산태극과 수태 극이 감싸도는 지역에 장기·연기가 있다. 더구나 태극형상의 금강이 미호천과 만나 삼태극의 광활한 평야를 이루고 있다. 재해가 침범하기 어려운 천혜의 요새다. 묘향산 끝자락에 북한 의 수도 평양, 계룡산 끝자락에 남한의 신행정수도! 그것은 백두대간 지세의 필연이다. 여기에 우리는 남북 두 행정수도의 제3의 교류지점으로서 서울과 개성을 연결하는 새로운 평화회 랑(Peace Corridor)을 구상해야하는 것이다.

앞으로 다가올 남·북정상회담의 물밑 접촉으로서 우리는 거창한 군사문제나 복잡한 외교문제를 건드릴 필요가 없이, 서 울과 개성지구를 군사적 대결이 배제된 순수한 역사·문화· 경제의 화해벨트로 만드는 문제를 정상회담의 상징적 컨텐츠 로 만들어야 하는 것이다. 개성의 왕궁터를 복원하여 서울-개 성 연계관광을 활성화시키고 육로·철로의 왕래를 자유롭게 하며 남북한 경제번영의 상징인 개성공단을 약진시킴으로써 21세기 인류의 평화공존의 새로운 모델로서의 평화회랑을 만방에 선포하는 것이다.

북한사회의 변화를 읽어라!

이것은 결코 꿈이 아닌 현실이다. 북한은 2002년 7·1조치가 3년차로 접어들면서 중국의 승포제를 도입하여 기업에 경영자율권을 허락하였으며, 부실기업을 통폐합하여 기업집단을 창출하고, 지방기업에까지 대외무역권을 허락했다. 이것은 중국이 20여년간 발버둥쳤던 노력을 단기간내 압축적으로 달성하겠다는 포부의 표현이다. 북한이 변치않고 있다는 푸념은 단순한 무지의 소산이다. 그동안 우리나라 관료들은 타성적 관념과 실제변화에 대한 몰지각으로 민족을 앞세우며 대북사업을 하겠다고 나서는 낭만적 기업인들을 모두 좌절시키는 행위만을 일삼았다. 수출금융지원이 있다면 당연히 대북사업금융지원도 있어야 한다. 그리고 현대아산이 따낸 북한땅의 조차권은 보다 많은 기업이 그 조차권을 활용할 수 있도록 정부가 조직적으로 지원해야 한다. 그런데 부질없는 특검으로 정몽헌과 같은 인물을 저승으로 휘모는 짓만 일삼았던 것이다. 어찌되었든 그는 대치하기 어려운 권위로운 접촉통로였다. 이 나라처럼 대북채널과 같은 전문적 성격의 국가자산을 보호하지 않는 우매한 나라도 없다. 민주가 어떻게 이루어지는 것인지를 모르고 있다. 자유와 개방의 배면에는 반드시 보호되어야 할 은밀한 소통의 체계가 축적되어야 하는 것이다. 이렇게 소중한 자원과 통로가 다 노출되고 파괴되면서 그 자리를 동북공정(東北工程)을 주도하는 중국세력과 북·일관계정상화를 준비하는 일본세력이 메꾸어가고 있는 것이다. 어찌 통탄스럽지 아니한가!

숭무의 대륙기질과 숭문의 섬세미의 통일

지금 우리에게는 사회과학적 엄밀성보다는 인문학적 상상력이 필요한 것이다. 개성은 고려의 수도다. 서울은 조선의 수도다. 고려는 고구려의 진취적 기상을 이었으며, 숭무정신에 불탔으며, 서경을 복원하여 고대사의 정신을 승계하고 광개토왕의 고토회복을 획책하였다. 전형적인 대륙형 왕조였다. 조선왕조는 이와는 달리 세련된 숭문의 나라였으며 문아(文雅)의 극치를 달렸으며 성리학적 이념으로 당대의 보편적 질서를 수용하려 하였다. 그러나 대륙적 기상을 위축시키고 사대주의적 외교감각에 매달림으로써 민족주체의 상실이라는 문약(文弱)의

금강과 미호천이 만나는 합강리, 삼태극의 형상이 한눈에 들어온다

비극을 초래하였던 것이다. 이와 같이 개성과 서울간에는 보이지 않는 역사적 텐션이 있다. 조선초 한양의 인구가 3만이 될 때에도 개성은 20만의 인구가 예성강하구로부터 바글거린 국제감각의 대도시였다. 그러나 이들은 극도의 탄압을 받았다. 그래서 생계를 모색하기 위해 보따리장사로 나설 수밖에 없었다. 그것이 소위 송상(松商)의 유래다.

송상(松商)의 유래, 조선역사정신의 대통합

올해안으로 남북정상회담에서 서울과 개성을 평화회랑으로

선언할 수만 있다면 그것은 곧 고려와 조선의 화해를 의미하는 것이며, 남북의 통일만이 아닌 진정한 조선역사정신의 대통합을 의미하는 것이다.

청계천을 복원하는 것은 매우 정당한 것이다. 버스노선을 정비한 것도 매우 잘한 일이다. 당장의 불편을 이야기하기 전에 이전의 서울버스 상태가 얼마나 쓸모있었던 것인지를 생각해 보라! 서울시는 정파적 이해관계를 떠나 청계천복원과 동일한 논리, 동일한 철학을 행정수도이전에도 적용해야 한다. 우리는 긍정적 사고를 해야한다. 터키의 앙카라, 브라질의 브라질리아, 오스트랄리아의 캔버라, 이 모든 수도이전이 실패한 사례로 꼽히지 않는다. 그 성공적 결과는 언급하지 않고 초기의 불편사례만을 언론이 열거하는 것은 참으로 국민을 우롱하는 것이다. 정확한 보도자료를 점검치 않는 사기요 기만이다! 미국은 보스턴에 교육을, 뉴욕에 경제·금융·물류를, 와싱턴에 행정을 분화시킴으로서 유럽과는 다른 새로운 모델의 문명기축을 형성시켰다. 이 작은 나라에서 한 시간도 안되는 거리에 행정부가 빠진다고 뭐 경제파탄이니 이런 허튼소리를 일삼고 있단 말인가? 우리가 해야할 일은 행정수도를 어떻게 건설하는가? 그 청사진에 관한 건강한 의견을 제출하는 것이다. 이

도올의 국가비젼

제 줄다리기 줄을 놓고 희망찬 미래를 향해 행진해야 하는 것이다. 나는 2004년 9월 5일 장충체육관에서 전인권과 단 둘이서 락 콘서트를 연다. 나는 락가수로 데뷔한다. 우리의 제목은 "행진하는 거야!" 전국민이여! 미래를 향해 힘차게 행진하자!

민족의 영산 계룡산, 끊임없는 영감의 원천이었다

청와대 바로 뒤에 뾰족하게 솟은 산이 백악(白岳)

도올의 국가비젼

제4절 추비(追備)

　이 글은 원래 기존의 힘있다 하는 특정매체에 기고할 목적으로 집필된 것이다. 그러기 때문에 글을 쓸 때 머리 속에서 순간순간 검열이 행하여진다. 글은 그 글을 모셔가는 사람들의 입장을 어느 정도 배려하지 않을 수 없기 때문이다. 그런데 지금 나는 그러한 자체검열의 필요성을 느끼지 않는다. 그래서 집필 당시 내 머리 속에서 짤려나간 부분을 여기 보충하여 놓는다.

　1. 나는 한양의 주산인 백악(白岳)의 혈자리에서 광화문 앞으로 이순신동상을 지나 시청 앞까지 뻗쳐있는 세종로를 바라본 적이 있다. 경복궁 근정전의 웅장한 위용을 그토록 강렬하게 느껴본 적이 없다. 삼봉 정도전이 정한 그 주산 혈자리에서 좌청룡·우백호의 날개짓과 명당 전경을 바라보는 감회는 남달랐다. 그때 난 뭔 생각을 했을까?

삼봉은 610여 년 전 바로 내가 선 자리에 서있었다. 그는 하륜의 무악주산론과 무학대사의 인왕주산론을 물리치고 백악주산론을 고집했다. 그는 임좌병향(壬坐丙向)의 남향을 주장했던 것이다. 삼봉의 구상은 탁견이었다. 무학대사의 저주에도 불구하고 조선왕조는 이 자리에서 한 오백년을 버티었다. 그리고 그 조선왕조의 혈맥은 조선총독부로 그대로 이어졌고, 8·15 해방이후에는 조선총독부의 바로 그 돌난간에서 대한민국정부 수립이 선포되었다. 그리고 일제총독의 관사에 경무대가 들어섰다. 그리고 그것은 박정희군사독재의 상징인 청와대로 모습을 바꾸었고 그 수호신으로 불세출의 장군 이순신의 동상이 들어섰다. 그리고 5공·6공·문민정부·국민의 정부·참여정부가 대를 이었다.

조선왕조의 개창에 대하여 우리는 그 나름대로 혁명의 정당성을 부여해야 하겠지만 그것은 어디까지나 왕조의 정당성이요, 우리가 새롭게 개창해야할 민주사회의 정당성은 아니다. 그것은 고려말까지 이어져 내려오던 광활한 조선민중의 대륙적 기질을 반도적 기질로 축소시키고, 숭무의 쾌활함을 숭문의 세련미로 억압시키고, 독자적 하늘님의 신관을 유교적 윤리의 이법(理法)으로 대치시켰다. 그리고 수직적인 모든 권위주의를 조장시키며 사대(事大)의 복종과 인종을 강요했다. 그 문약(文弱)의 결과 우리민족은 최악의 사태를 맞이하였다. 옥새가 분쇄되고 국체(國體)가 상실된 것이다. 그런데 문제는 그러한 조선왕조의 권위주의·수직주의·관료주의의 모든 이념이 그대로 백악으로부터 뻗친 천명(天命)의 융단길 그 한자리에 오늘까지 계승되어 있다는 것이다. 우리민족의 의식구조 속에서는 청와대자리로부터 시청 앞 광장까지 이르는 그 대로야말로 모든 권위주의와 수직주의의 상징이며, 우주의 중심이다. 그들의 우주는 아직도 왕정의 우주인 것이다. 왕정적 멘탈리티에 사로잡혀 있는 대다수의 한국인들은 그 우주의 축이 흔들리거나 딴곳으로 이동하는 것을 원치 않는다. 그 축이 빠지면 자기들이 생각하는 우주 전체가 붕괴해버리고 말 것이라는 불안감이 있는 것이다. 그리고 재미있는 것은 바로 그 우주의 권위로운 축의 길목을 우리나라 양대 언론사가 장악하고 있다는 사실이다. 그 축이 이동하면 양대 언론이 근원적으로 무기력해지고 만다. 정신적 공허감이 엄습한다. 여기에 한국언론이 사력을 다해 그 축을 유지시키려고 하는 근원적 소이가 있다.

그러나 한국사회가 진심으로 왕정적 권위주의를 청산하려고 한다면 행정수도이전처럼 효율적인 대안은 없다. 한국인의 마

83

음에 자리잡고 있는 그릇된 권위의 축이 근원적으로 붕괴되어 버릴 뿐 아니라 모든 권좌의 심상이 사라져버린다. 새 술은 새 푸대에! 태조 이성계가 개성이라는 구도(舊都)에서 버틸 수 없었듯이, 민주의 새 세상은 용감한 신세계의 새로운 축을 마련해야 한다. 행정수도이전을 반대하는 모든 사람의 멘탈리티에는 권위주의와 과거 왕정에 대한 향수가 배어있는 것이다.

2. 이명박시장의 청계천복원이 모든 유위의 센타들이 살아움직이게 만드는 무위의 구심점을 창출하며, 참(Fullness)보다는 빔(Emptiness)을 추구하며, 고층건물과 교통체증으로 사자(死者)의 도시가 되어가는 것을 막고 유교적 풍류의 도시낭만을 회복하며, 과도한 밀집을 분산시켜 물류의 소통이 원활히 이루어지는 경제적 활성의 도시를 만들려하는 포괄적 구상의 일환이라고 한다면, 행정수도이전은 반드시 성취되어야 한다. 서울은 이미 행정수도개념을 뛰어넘는 우리민족의 구심점이며 끊임없는 재활력의 가능성을 무궁무진하게 함장하고 있다. 이명박시장은 그 무궁한 가능성을 개발하는 구원한 프로젝트의 초석을 놓아야 한다. 그 핵심에 행정수도이전의 구상이 전제되어야 한다고 나는 생각한다. 이명박시장의 건강한 상식에 호소한다.

도올의 국가비젼

3. 조선의 군대를 통솔하는 무장이 사대문안에 버티고 서 있을 수는 없다. 국민 여러분이 상식적으로 생각해보면 알 것이다. 어떻게 무관이 나라를 버리고 사대문안으로 피신하여 왕의 궁궐문만을 지키고 있는가? 이순신동상이 세종로 한복판에 서있는 것은 참으로 잘 못된 군사독재의 발상에서 비롯된 것이다. 이순신은 세종로

에서 최소한 남대문 밖으로 나가야 한다. 내가 생각키에 이순신동상은 부산의 자갈치시장 한복판에 세워놓는 것이 제일 좋다. 차선책은 서울역광장이나 미8군자리의 용산공원 한복판에 세워놓는 것이다.

4. 행정수도이전을 많은 국민이 "경제"와 관련시켜 생각하는데, 행정수도가 빠져나감으로써 서울사람들이 못살게 된다든가 대한민국의 경제가 나빠진다든가 하는 따위의 모든 언설은 얄팍한 언론의 조작에 국민이 놀아난 데서 기인하는 기만적 편견이

다. 결국 서울이라는 메갈로폴리스의 "도시경쟁력"의 문제로 압축될 것이지만, 행정수도가 빠져나가 도시경쟁력이 악화된다는 보장은 아무 것도 없다. 그것을 입증할 자료는 아무 것도 없다. 행정수도가 빠져나가게 되면 서울의 도시경쟁력은 여러모로 강화될 것이며, 보다 더 쾌적한 서울시민의 삶의 환경이 마련될 것이며, 대한민국의 전체 경제가 활성화될 것이다. 여러 가지 구체적인 자료와 확신을 가지고 말하는 이 도올의 간절한 호소를 국민들이여 믿어달라 ! 사상가는 오로지 시대적 양식에 따라 판단할 뿐이다. 열린우리당도, 한나라당도, 노무현도, 박근혜도 생각치 않는다. 오로지 이 나라의 앞길만을 생각할 뿐이다.

5. 한나라당은 과거사청산이나 행정수도이전과 같은 문제를 대적적으로 대처하기보다는 그러한 문제를 수용함으로써 오히려 상대방의 허점을 노출시키고, 그것을 뛰어넘는 민생에 관한 미래적 대안을 제시해야 한다. 과거의 타성이나 기득권의 보호에 얽매이지 말고 진취적인 정책으로 미래를 선취하는 으젓한 모습을 국민에게 보여줘야 한다.

6. 열린우리당은 지나치게 우리사회의 개혁이라는 좁은 문제에만 얽매이지 말고 그것을 가능케하는 모든 폭넓은 부대적

함수를 포괄적으로 고려해야 한다. 한국은 더 이상 조선반도에 국한된 한국이 아니다. 구체적 국제역학관계 속에서 한국의 미래를 개척함으로써 우리사회의 진보의 계기를 끊임없이 창출해야 한다. 집권당이라는 현실에 만족하지 말고 국가의 구원한 미래를 위한 장기적 포석을 만들어가야 한다. 국민들에게 열린우리당 사람들은 진지함이 결여되어 있으며 사고력이 너무 아마츄어 수준이라는 느낌을 주고 있다. 민생의 후퇴로 민심이 이반되면 개혁의 모든 기반이 사라지고 악랄한 반동이 뒤이을 수 있다. 열린우리당은 너무 사태를 낙관하고 있다.

7. 청와대가 빠져나간다고 벌써 그 주변의 고도제한 풀고 난개발을 구상하는 사람들이 있는데, 청와대가 빠져나가도 그 지역의 규제는 함부로 풀어서는 안된다. 미래의 도시는 비울수록 경쟁력이 생긴다. 청와대 일대를 아름다운 고궁과 자연의 국민공원으로 만들어야 한다. 그리고 그것을 개성의 고궁까지도 연계시켜서 구상해야 한다.

8. 餘言未盡而肩膀酸疼! 할 말은 많은데 어깨가 아프다!

개성공단 착공식, 2003. 6. 30.

도올의 국가비젼

제 3 장　남북화해론

본 장에 묶인 3개의 글, 「北송금에 담긴 역사적 진실-언론은 "민족自決" 눈떠라-」(2003. 2. 10.), 「네오콘, 그들은 누구인가?-뉴욕에서 느끼는 한반도 정세-」(2003. 5. 20.), 「김정일 위원장께 DMZ에서 보내는 편지」(2003. 1. 1.)는 모두 푸릇 푸릇한 기자의 느낌으로 쓴 글인데, 공통된 하나의 주제를 가지고 있다. 그것은 남북의 문제는 민족자결의 원칙에 의하여 추진되어야 한다는 것이다. 이 장의 제일 먼저 수록된 글, 「北송금에 담긴 역사적 진실」은 아마도 내가 기자 신분으로 쓴 글로서는 가장 반향이 컸던 글이며, 너무도 많은 사람들이 아직까지도 그 전율과 감격을 기억하고 있다. 노태통령이 취임하기 전이며 김대중대통령이 언론의 막판 공세에 휘몰리던 상황이었다. 미국은 이라크침공의 명분을 찾기위해 광분하고 있었고 우리나라는 로또열풍으로 들끓고 있었다.

김대중대통령은 이 글을 읽고 밤잠을 설쳤다고 했다. 그리고 다음날 나에게 전화를 했다. 청와대로부터 들려온 그 음성의 내용은 다음과

같다: "뭐라 감사의 말씀을 여쭈어야 할지 모르겠습니다. 민족의 대의를 위한 충정이나 무지를 일깨우는 힘, 그리고 진리를 사랑하는 마음이 도무지 너무도 감동스럽습니다. 김선생님의 말씀을 금옥같이 받아들이겠습니다. 퇴임한 후 한번 모시겠습니다. 불민한 점 많이 충고해주시기 바랍니다."

나는 지금도 노무현대통령이 특검을 수용한 것은 큰 실책이었다고 생각한다. 그런데 노무현대통령은 지금도 자신의 판단이 옳았다고 믿고 있는 것 같다. 물론 노무현대통령의 판단은 그 나름대로 정당화 될 수 있는 논리를 찾을 수는 있을지 모르겠으나, 항상 비판의 여지가 있다는 것을 수용하는 것이 더 정도일 것이다. 자신의 판단의 완벽무결을 주장하는 것 보다는 비판적 검증을 통해 더 깊은 내성의 시야를 넓히는 것이 한국정치의 미래를 위해 보다 바람직한 것이다.

제1절 北송금에 담긴 역사적 진실

- 언론은 "민족自決" 눈떠라 -

열강의 세계화전략 속 북녘 경제주권 지켜야

지금 온 나라가 들끓고 있다. 로또복권으로 들끓고 있고 대북송금으로 들끓고 있다. 로또복권 판돈으로 순식간에 2600억원을 거는 광란의 축제를 서슴치 않는 우중(愚衆)이 한편으로는 북쪽 동포에게 2235억원을 송금했다고 성토하는 야단법석을 떨고 있다. 빈사상태에 이른 추장의 살을 이리 뜯고 저리 뜯고 좋아라고 날뛰는 황야의 하이에나들처럼, 광분의 피를 여기저기 흩날리고 있다.

지금 우리의 조국 대한민국은 깊은 수렁으로 빠져들어가고만 있다. 웬 영문인지도 모른 채. 왜 이렇게 서로 물고 뜯어야만 하는지 아무런 이유도 묻지 않고, 서로를 죽이면서 쾌재를 부르며 하염없이 역사의 오류를 되풀이하고만 있다.

민비는 동학쟁이들이 날뛴다고 청군을 불렀고 결국 일본이 이 나라를 짓밟을 수 있는 명분을 주었다. 혁신세력임을 자처하던 개화당 지식인들도 당대의 세계판도가 어떻게 돌아가는 것인지 일체 그 관계상황을 파악하지 못한 채 일본에만 의존하려 했다. 그리하여 우리는 결국 주권을 잃고 말았다. 해방? 좋다! 그 어디에 우리가 주체적으로 싸워 이룩한 해방이 있었던가? 모택동은 팔로군을 데리고 연안장정을 성공적으로 이끌어 주체적인 인민의 역량으로 미제국주의와 결탁한 국민당정규군을 대륙에서 축출해버리고 당당하게 천안문에 입성했지만, 우리의 독립군은 만주벌판에서 히로시마원폭의 굉음과 함께 쓸쓸하게 일제항복의 소식을 들었을 뿐이었다.

무지(無知)라는 이데올로기속에 버린 것은 주권일 뿐

남이나 북이나 우리 자체 역량으로 해방을 이룩한 것이 아니었다. 찬탁, 반탁, 좌익, 우익, 6·25전쟁, … 이 모든 역사의 얼룩에 쓰여있는 단 하나의 글자, 그것은 무지(無知)라는 것이다. 그것은 역사의 무지요, 인간의 무지요, 민족의 무지다. 낮에는 국군공화국, 밤에는 빨치산공화국, 이래 죽이고 저래 죽이고, 웬 영문인지도 모르고 죽창으로 찌르고 총검으로 찌르고 선남

선녀들이 서로를 찔러죽였다. 알고 보면 다 같은 한동네 식구들일 뿐인데… 자유라는 이름 아래, 평등이라는 이름 아래, 민주라는 이름 아래…. 이 모든 언어의 횡포 아래 우리민족은 서로를 죽이며 살았다. 이 모든 이데올로기에 공통된 것은 무지(無知) 그것 하나 뿐이다. 이데올로기, 그것은 곧 무지의 소산이요 무지의 소굴이었다.

한반도에서 일어나고 있는 모든 사태는 결코 한반도에서 사는 사람들만의 논리로써 종결될 수가 없다. 그 논리를 지배하는 것은 무지 ! 반드시 그 무지를 조종하는 주변의 세력들이 있다. 한반도의 문제상황은 남·북간, 여·야간의 정치논리로써만 해결될 수 없다. 그것은 반드시 미·중·일·러·유럽을 포섭하는 국제적 힘의 역학 속에서만 해결의 실마리를 찾을 수 있는 것이다. 한반도는 껍질을 벗기면 또 껍질이 나오곤 하는 양파와도 같다. 양파껍질을 벗기면 눈물이 나온다. 그리고 벗기고 벗기다보면 아무것도 남지 않는다. 그 껍질의 한가운데는 보물 아닌, 무지의 공(空)만이 있을 뿐이다. "미국놈 믿지말고, 소련놈 속지말고, 일본놈 일어난다. 조선사람들이여 조심하라!" 해방직후 이 땅의 뭇백성은 이와 같이 외쳤다. 그 함성이 지금도 로또복권으로 들끓는 서울의 하늘에 메아리치고 있는 것이다.

한국언론은 국민기만 중단하라 !

나 도올은 본시 인간과 우주의 영원한 철리에 관심을 갖고 살았던 사람으로, 일상을 압박하는 시세의 논리에는 좀 거리를 두고 살았던 사람이다. 그런데 두달전 어쩌다가 기자가 되었다. 매일매일 역사의 무대를 맴도는 하루살이처럼, 오늘 돼질 듯이 긴박하게 역사의 홍류에 떠밀려가며… 맥베스의 독백처럼, 자기가 맡은 시간만은 장한듯이 무대위서 떠들지만 그것이

지나가면 잊혀지고마는 가련한 배우, 그 배우가 되어, "시끄러운 소리와 광포로 가득하지만 아무것도 의미하지 않는 이야기"를 지껄이곤 하고 있는 것이다. 어두운 무대위에 우뚝 서있는 나 도올, 고독하게 스포트라이트가 비칠 때 나 도올은 관객을 향해 포효한다: "그대들이여, 더 이상 언론에 기만당하지 말라! 그대들은 참으로 무엇이 문제인지 모르고 있다."

국가운영은 투명성 한 잣대로는 안돼

민주? 좋다 ! 그러나 그것이 우매한 다수의 폭력을 의미한다면 그것은 분명히 항거되어야 할 위선이다. 언론의 자유? 좋다! 그러나 그것이 그 자유를 독점하는 소수의 전횡이라면 그것처럼 무서운 마약은 없다. 도대체 이 나라의 언론은 몇 놈이 만들어가고 있는 것일까? 투명성? 좋다 ! 국가의 모든 거래가 투명하게 이루어져야 한다는 것은 지고의 진리처럼 보인다. 그런데 그런 지고의 진리를 말하고 있는 놈들중 과연 몇 놈이나 자신의 투명한 인생을 고백할 수 있겠는가? 우리의 인생 그 자체가 투명하게만 이루어지기에는 너무도 복잡다단한, 말로 다 할 수 없는 장(場)이라고 하는 단순한 문학적 사실을 인정할 수밖에 없다고 한다면 과연 국가에 대해 투명이라는 논리만으로 안일

95

개성들녘에서

도올의 국가비젼

하게 논설이나 긁고 앉아있을 수 있으런가? 정보의 공개? 좋다! CIA나 FBI의 암살, 전복, 은폐, 왜곡의 모든 음모가 언제 한번 공개적으로 이루어진 적이 있는가? 그네들은 공작의 문서 조차 다 폐기처분해버린다는데, 왜 열강의 첨예한 이해가 대립하고 있는 이 혼돈의 도가니, 우리나라만 정보를 다 공개해야 한다는 것인가? 정보는 공개해야 할 성질의 것이 있고 공개되어서는 아니될 성질의 것이 있다는 것은 만방의 상식이요, 우리 인생의 상궤다. 그런데 2235억의 송금이 이미 기정사실화된 이 마당에 특검제라도 도입하여 그 내력을 상세히 공개하라구? 민주의 이름 아래? 투명성의 원칙 아래? 공개의 원리 아래? 참으로 철없는 승냥이새끼들의 싸움일 뿐이로다.

"4억달러" 최초발설자는 미국인, 그 음모는?

나 도올의 관심은 여도 아니요, 야도 아니다. 북도 아니요, 남도 아니다. 그것은 국가운영의 너무도 기초적인 상식에 관한 것이다. 많은 자들이 나의 울분의 포효를 디제이를 이롭게 하려는 발언으로 왜곡하려들 것이나 지금 우리가 논의해야할 문제들은 디제이 개인에 관한 호오로부터 근원적으로 떠나있는 것이다. 그가 대통령으로서 이룩한 민족적 성취의 부분은 이미 김대중 개인의 문제가 아니다. 그 개체의 시비를 떠나는 우리 민족사의 공동의 과제상황일 뿐이다. 김대중 개인에 대한 증오나 혐오 때문에 그가 이룩해낸 새 역사의 장마저 증오하고 혐오한다는 것은, 특히 언론의 정도와는 거리가 먼 것이다.

과연 무엇이 문제인가? 우리는 우선 대북송금 4억달러의 최초의 발설자가 국내정가의 인물이 아닌 미국의회조사국연구원, 래리 닉시라는 미국인이었다는 사실부터 주목할 필요가 있다. 다시 말해서 이 단순한 사실은 발설자의 배후조종세력들이 남북간 경제협력의 직접적 대화채널을 달갑게 생각하고 있지않다는 것을 입증한다는 것이다. 한국의 문제는 핵문제나 군사안보에 관한 문제가 터지면 그 주도권은 항상 미국이 장악할 수밖에 없다. 휴전협정이 본시 남한이 배제된 북한과 미국 사이에서 이루어진 사건이기 때문이다. 따라서 군사적·정치적 차원에서는 남한이 미국을 거치지 않고 북한과 직접 대화할 수 있는 채널을 확보하기가 법리적으로나 실리적으로 어렵다. 따라서 남북간의 대화는 경제적 차원에서 이룩할 수밖에 없다.

도올의 국가비젼

경제협력은 "빼앗긴 정치·군사주도권" 대체수단

경제적 협력사안에 관해서는 미국이 직접적으로 개입할 명분이 없기 때문이다. 따라서 김대중정부는 출범당시부터 정경분리(政經分離), 선경후정(先經後政), 선민후관(先民後官)을 내세우는 햇볕정책을 내세운 것이다. 햇볕정책의 요지는 모든 레토릭을 걷어버리고 나면 결국 남북간의 경협을 통한 대화채널을 확보하려는 노력이었다. 그리고 이러한 노력의 성과가 구체화된 것은 실제적으로 현대아산의 대북경제협력사업밖에는 없다. 대우는 일찍이 도중에 궤멸되었고, 삼성은 이렇게 위험부담이 크고 골치아픈 벤처에 아예 관심을 기울이지 않았다. 연고지에 대한 깊은 애정, 좌절을 모르고 행동만을 앞세우는 우직한 기업인, 정주영의 열정과 사명만이 "민족통일은 경제통일로부터"라는 기치를 내걸고 대북사업에 박차를 가하게 만들수 있었던 것이다. 지금 특검제를 도입하여 대북송금의 진상을 밝힌다고 하는 것은, 바로 1989년 1월 평양의정서로부터 시작하여 2000년 8월에 조인한 경제협력사업권에 관한 합의서에 이르기까지, 기나긴 시간 동안에 구축된 현대아산의 대북경제채널을 궤멸시키려는 국제적 음모의 일환으로 간주될 수밖에는 없는 것이다. 이것은 과연 무엇을 의미하는가?

北사회인프라구축 선점통해 외국자본 수용해야

역사적으로 북한의 존재는 우리자신의 무지의 업보일 수밖에 없다. 그리고 그것은 그 나름대로 충분한 존재이유를 갖는 것이다. 북한은 그 존재이유를 북한을 탄생시킨 특수한 국제환경 속에서 '주체'라는 이름으로 압축시켰다. 주체에의 집착은 필연적으로 경제적 비의존성을 강화시킬 수밖에 없고, 이러한 자력갱생의 자립성은 필연적으로 경제적 힘의 침체와 저하를 초래한다. 이러한 경제침체는 국방비조달의 문제점을 노출시킨다. 재래식의 통상전력으로는 도저히 경쟁이 될 수 없기 때문에, 돈을 적게 들이고 효율적으로 국가안정을 보장할 수 있는 방편으로 핵무기의 유혹에 빠져들게 되는 것이다. 그러나 그 허세의 이면에는 생활전력수급이라는 매우 긴박한 실제상황이 도사리고 있다. 김영삼정권은 93년 출범당시에는 "동맹보다 민족이 앞선다"는 매우 기특한 말을 했다. 그러나 한 달이 못되어 북한이 핵확산방지조약(NPT)을 탈퇴하고 공격적으로 나서자, 남한에 특사를 보내겠다는 북한의 제의도 거절하고, "핵을 가진 자와는 손을 잡지 않겠다"는 바보스러운 선언을 하면서 북한과의 대결구도로 치달았다. 그 결과는 무엇인가? 북한과 주체적으로 대화할 수 있는 채널구축의 기회를 말살하고 스스로 손발을 묶어버린 것이다. 그것은 북한핵문제의 다면적인 국제역학적 · 외교적 성격을 전적으로 이해하지 못한 데서 생긴 실책에 불과한 것이다.

YS의 바보선언, DJ라는 불량학생

반면 미국은 끊임없이 북한과 대화를 시도하였고 94년 10월 제네바회담에서 극적 타결을 본다. 핵무기개발의 우려가 있는 중수로발전을 경수로발전으로 전환시킨다는 것이다. 그동안 한국정부는 아무것도 할수없는 무기력한 패닉상태에 들어갔고 미국의 뒤꽁무니만 쫓아다니며 바짓가랑이만 잡아당길 수밖에 없었다. 그리고 경수로원전건설의 실제적 부담은 우리가 떠안을 수밖에 없었다. 남한이 배제된 북 · 미협상의 결론에 봉노릇하는 것은 남한이 되어야하는 아이러니를 김영삼정권은 연출한 것이다. 이미 7억 6천만불 날렸다. 디제이의 햇볕정책이란 바로 이와 같이 과거 와이에스정권 5년의 공백, 즉 남북채널의 상실에 대한 뼈아픈 반성에서부터 출발한 것이다. 그러나 말 잘듣는 착한 모범생에서 자기주먹을 불끈 쥐고 나오는 "불량학생"으로 변신한 디제이를 미국은 달갑게 생각할 리가 없다. 더구나 대통령취임 해도 미국에 사진찍으러 안가겠다고 깡폼을 잡던 노무현을 미국이 그냥 놔둘 리는 없다. 여기 우리의 해답은 명료해진다.

현대의 대북사업은 외국자본의 선점을 차단

우선 한번 마음을 가라앉히고 곰곰이 생각해보자! 한 나라가 다른 나라 사람에게 토지사용권을 50년 보장해주는데, 공짜로 해줄 미친놈이 어디 있겠나? 우리나라 마산·창원공단에 외국 기업이 들어와 땅을 50년 조차하겠다고 한다면 당연히 돈을 받을 것이다. 지금 현대가 북한에 50년간의 토지사용권을 획득한 땅만 해도 해금강 남단으로부터 원산에 이르는 약 100㎞의 해안지대 전체를 포괄하는 것이다. 우선 고성군 온정리에 2천여만평을 특구로 지정하였다. 뿐만인가? 개성공단사업으로 50년간 토지이용증을 획득한 땅이 2천만평에 이르는 것이다. 뿐만인가? 경의선·경원선·금강산선·동해북부선의 철도사업, 시내외·국제전화망, 인터넷, 이동통신, 통신장비생산 등을 포괄하는 통신사업, 발전시설건설, 송전선에 의한 전력공급을 제공하는 전력사업, 통천비행장건설사업, 금강산수자원이용사업, 임진강댐사업, 주요명승지종합관광사업, 고선박해체원산공장건설사업, 통천공단사업 등, 이 모든 사업에 대한 30년의 사업권을 현대가 따낸 것이다. 그런데 이러한 협약을 위

도올의 국가비젼

하여 몇억불을 송금했다는 것, 그리고 이러한 사업의 제도적 보장과 관련하여 남북정상회담 등 정치적 관계개선이 이루어졌다는 사실이 어떻게 반민족적인 행위가 되며, 반민주적인 뒷거래가 되며, 정계와 언론계의 지탄을 받아야만 하는 음모가 되어야 하며, 월스트리트저널이 주장하는 바 노벨평화상의 로비자금이며 북한군의 재래식무기와 핵개발계획에 필요한 부품구입비로 인식되어야 하며, 한국언론들이 노상 무비판적으로 주장하는 바 일방적 퍼주기로 간주되어야만 할 정당성이 도대체 어디에 있단 말인가?

왜 對러시아 30억달러 "부도" 엔 함구일관인가?

노태우가 러시아에게 30억불을 날린 사실은 함구불언하면서 그 10분의 1도 안되는 돈을 그 몇천배 되는 소득을 위하여 공들인 사태에 대해서는 너도나도 들고 패대는 이 부끄러운 소치를 도대체 무슨 논리로 설명할 수 있단 말인가?

대북송금이 현대의 독점권획득에 대한 대가라고 비양거리는 투의 말도 웃기는 얘기다. 북한사람들은 현실적으로 "돈"이 무엇인지를 모른다. 돈에 대한 공상적 개념은 있을지언정 구체적 체험이 없다. 이러한 대상과 여러 기업이 동시에 협상의 경쟁을 벌인다는 것은 협상의 코스트를 터무니없이 증가시킬 수도 있고 또 예상치 못한 많은 불행한 결과를 초래할 수도 있다. 그 협상 테이블을 일원화시키는 것은 너무도 정당한 것이다.

"남북채널" 유지는 민족자주의 필연, 정권변화와 무관

현대가 비록 그러한 사업의 독점권을 획득하였다고 할지라도 그 사업의 성격이 기본적으로 북한의 사회간접자본시설과 기간산업시설, 그러니까 북한사회의 인프라를 구축하는 작업이기 때문에, 우리정부와 여러 기업의 협조가 없이는 이루어질 수 없는 것이다. 사업권만 현대가 따내도록 뒤에서 도와주고 그 사업의 내용에는 타기업이 주체적으로 참여할 수밖에 없는 것이다. 이것은 대한민국 상부상조의 프런티어를 현대가 개척했다는 의미만을 지니는 사태인 것이다.

그런데 이러한 개척의 진정한 의미맥락에 관하여 우리국민이 꼭 알아야 할 중요한 사실이 있다. 한반도의 변화는 점진적이라기보다는 극적이다. 위기 다음에는 기회가 따른다. 현재 북·미간 핵국면의 실상은 중국과 일본이라는 대국을 견제하기 위한 전략과 깊게 관련되어 있다. 이러한 맥락에서 미국과 북한은 분명 어떠한 극적 타결의 실마리를 찾을 것이며, 핵국 면은 곧 유화국면으로 전환될 것이다.

북핵타결, 북·일수교 이후 대비 마땅

이때 가장 중요한 것은 북·일의 수교며 이 수교에 수반되는 배상자금 100억불을 넘는 거액이다. 그런데 일본의 100억불은 현금으로 지불되는 것이 아니라 북한사회의 인프라를 구축하는데 일본기업이 대거 참여한다는 것을 의미한다. 현대의 경협

활기찬 개성시가

사업권 선취는 바로 북한사회를 외국자본의 횡포로부터 막는 민족주체의 기틀을 의미하는 것이다. 바로 현대사업권의 의미는 우리민족의 주체적 틀 속에서 일본·미국·EU의 기업들이 참여하게 만든다는 것을 의미한다. 이것은 우리 남한의 활로이며 우리 민족 전체에게 주어지는 최대의 축복의 기회인 것이다. 그러나 유럽과 일본과 미국의 열강들은 우리민족의 주체적 단합과 선취를 달갑게 생각하지 않는다. 남북을 분할시킨 상태에서 자기들이 직접 권리를 선취하는 것을 선호하는 것이다. 현대아산이 구축한 채널을 현재 남한의 정치인들의 우매한 소치로 인하여 다 폭로시키게 되면 당연히 이러한 주체적 사업의 기반은 백지화될 수밖에 없으며, 더욱 불행한 사실은 북한의 파트너들이 모두 괴멸될 수밖에 없다.

한국의 보수는 강대국의 꼭두각시 노릇만

분명히 말하건대 현대의 문제는 한 기업의 문제가 아니라, 우리민족의 문제다. 우리정부가 직접 나서야할 매우 기초적인 국책사업을 홀로 소리없이, 여태까지 별 소득없는 상태에서 꾸준히 수행해온 것이다. 그나마 적자로 허덕이며 허약해질대로 허약해진 현대아산이나 현대상선을 무자비하게 뒤흔든다는 것은, 그리고 국정원 비밀루트들을 모두 노출시킨다는 것은, 열강의 정보전쟁의 시대에서 도무지 상식에 어긋나는 처사일 뿐이다. 왜 대북송금문제가 미국에 의하여 제기되었으며 왜 오늘날까지 미국신문들이 이 사태를 고소하게 바라보며 비양거리고 있는지, 그리고 그러한 작태에 놀아나는 한국언론의 몰지각한 하이에나와 같은 모습의 실상은 과연 누구에 의하여 조종당하고 있는 것인지, 그 해답은 너무도 명료한 것이다. 까발기면 휴지, 덮어두면 보물이 될 모든 정보들을 정당의 이해관계가 아닌 초당적인 국익과 민족의 대의를 위하여 소중하게 관리해 나갈 필요가 있는 것이다.

大我를 위해 小我를 버리시오

나 도올은 우리민족에게 말초적인 흠집내기를 즉각 중단할 것을 호소한다. 그리고 한나라당의 의원들에게도 "을사오적"의 불명예를 또다시 뒤집어쓰는 불행을 자초하지 않기를 호소한다. 한나라당이 국회대표 연설에서 "시대의 변화를 제대로 따라가지 못해 대선에 패배했다"는 것을 자인했다면, 그 자성의 핵심이 바로 북한을 바라보는 시각의 고루함이었다는 사실을 깊게 각성해야 한다. 이 문제를 더 끌고 간다면 결국 일년 후

의 총선에서 크게 대패할 것임을 나는 확언한다.(결국 내 예언대
로 대패했다. 後註.) 디제이는 IMF위기를 극복한다고 많은 기업
과 금융을 팔아먹었지만 남북채널만큼은 팔아넘기지 않았다.
그러한 주체적 자세는 어떠한 경우에도 고수되어야 한다. 그리
고 2000년 남북정상회담이후 김정일 위원장이 북한사회를 국
제사회의 평범한 일원으로서 끄집어내려고 노력한 일련의 세
계화 조치들을, 비록 좌절로 가려졌다 해도 우리는 긍정적으로
평가하는 것을 게을리해서는 안된다.

금강산 육로개통은 분단역사에 큰 획

그리고 2000년 남북정상회담이 우리나라가 세계분쟁지역
리스트에서 벗어나기 시작한 매우 획기적인 사건이었다는 세
계사적 의의도 항상 되새겨야할 부분이다. 남북간의 육로개통
은 베를린장벽이 허물어지는 것보다 더 중요한 세기적 사건일
수 있다. 최소한 월드컵 4강에 든 것보다는 우리를 더 들뜨게
만들어야 하는 민족대축제의 사건이다. 그런데 이러한 희망찬
신세계의 교향곡을 음모와 기만의 어두운 구렁텅이로 빠뜨리
고, 비굴한듯이 어슬렁 걸어가고 있는 이 암울한 정황은 과연
누구를 위한 것인가? 새로 출범할 신정부의 손발을 꽁꽁묶어

도올의 국가비젼

대외 정치적 역량을 축소시키는 것은 궁극적으로 과연 누구에게 유리한 짓일까? 나는 우리민족에게 자제를 호소한다. 대아(大我)를 위하여 소아를, 대체(大體)를 위하여 소체를, 대심(大心)을 위하여 소심을 버릴 것을 촉구한다. 선종의 바이블, 『벽암록』에 쓰여있는 다음과 같은 원오(圜悟)스님의 한 구절이 생각난다: "一機一境, 一言一句, 且圖有箇入處, 好肉上剜瘡, 成窠成窟."(마음가짐 한 꼬타리, 대상세계의 한 상황, 말 한마디 한구절에서 진상의 한 입구를 발견하려고 도모하는 것은, 마치 멀쩡한 고운 피부에 생채기를 내서, 그곳에 둥지를 틀고 썩은 굴을 짓는 것과도 같다).

도올의 국가비젼

제2절 네오콘, 그들은 누구인가?

- 뉴욕에서 느끼는 한반도 정세 -

.

나는 취재차 2003년 5월 16일부터 25일까지 맨해튼에서 머물고 있었다. 그때 나는 "피낵(PNAC)헌장" 이라는 문헌을 주목하게 되었다. 이때는 "네오콘" 이라는 말이 정착되기도 전이었다. 내가 뉴욕에서 쓴 이 글은 우리나라에 네오콘을 본격적으로 소개한 최초의 신문기사였다. 이 글을 통해 우리는 미국의 네오콘이 우발적으로 등장한 세력이 아니며 확고한 신념 위에서 기나긴 준비끝에 등장한 세력이라는 것을 알 수 있다. 내가 이 글을 쓴 때는 노대통령이 취임하고 방미를 한 직후였다.

나는 지금 뉴욕 맨해튼 32가의, 어느 침침한 방구석에서 이글을 쓰고 있다. 오 헨리의 "마지막 잎새"를 연상케 하는 창문밖으로 내다 보이는 뉴욕의 뒷골목은 항상 스산하고 음산하다. 생각난다. 대학다닐 때, 보스턴에는 만만한 한국음식점이 없었기 때문에, 밤새 차를 몰고 와서 이곳 32가에서 해장국 하나 시켜먹고 또 다섯시간이나 다시 차를 몰고 보스턴으로 가곤했던 젊은 날의 호기(豪氣)가. 이곳은 정말 한인들의 피땀이 서린 곳, 한집 두집 기구한 사연을 간직한 곳이다.

노대통령의 방미성과, 미래위해 얻은것 별로없어

노무현대통령의 방미성과를 두고 이말 저말이 많겠지만 뉴욕교민들의 대체적 반응은 좋았다는 얘기다. 교민들의 관심은 외교적 성과가 아니라 당장 서바이벌의 문제다. 행여 자극적 발언을 일삼아 그들의 생계에 악영향을 끼치지나 않을까, 한국놈들 핏대나게 군다고 점포에 와서 손가락질하지나 않을까, 하여튼 아부성 발언이 손해날 것은 없었다는 얘기다.

과연 그럴까? 일국의 대통령으로서 미국이 손봐주지 않았다면 나는 지금쯤 정치범수용소에 있을꺼라고 까지 말해야했을 필요가 있었을까? 과연 노무현대통령의 방미는 구체적으로 어떤 성과를 올렸는가? 지각있는 교포들은 불필요한 언어들의 남발이 결코 조국의 미래를 위하여 얻어낸 것이 아무것도 없다고 개탄한다. 그리고 노무현의 대미인식이 너무 나이브하고 대통령 주변에 진정으로 장기적 안목을 가지고 복합적 전략을 구상하는 팀웍이 부재하다는 인상을 받았다고 염려하는 것이다.

盧의 외교정책은 고도의 대국적 전략미비

문제는 가끔 튀는 노대통령의 발언이 즉흥적 수사학의 실수일까, 아니면 면밀하게 휘둘러진 오케스트라의 지휘봉일까 하는 분석으로 시작되게 마련이다. 노무현이 즉흥성의 달인이라는 사실을 전제한다면, 아무리 즉흥적인 실언으로 보이는 말도 그 배경에는 치밀한 계산이 깔려있을 것이라는 가정에는 누구나 동의하는 것이다. 그렇다면 그것은 과연 어떠한 계산일까?

노무현은 후보시절 할말은 하겠다느니, 사진찍으러 가지는 않겠다느니, 대등한 한·미관계위에서 자주외교를 펼치겠다느니, 매우 주체적인 발언을 많이 하여 젊은이들과 진보세력들의 신망을 얻었다. 그러나 이러한 이야기들이 진보의 허울을 쓴 실속없는 허언(虛言)에 불과했다는 것을 대통령되고 나서 깨닫게 되었을 것이다.

진보를 외치는 사람들에게는 대체적으로 현실에 대한 구체적 대안이 부족하다. 그런데 문제는 현실적 감각을 가진자들은 대체적으로 보수적이라는 것이다. 새로운 시도를 하려하지 않는다. 여태까지 노무현의 실속없는 대미 주체적 발언은 결국 미국에게 한국정가를 뒤흔들 수 있는 백지수표만 잔뜩 선사한 꼴이 되고말았다는 것을 뒤늦게 깨달았던 것이다.

미국을 간다 ! 안갈 수 없다 ! 그래 간다면 그 백지수표를 거두어들일 수 있는 확실한 레토릭을 구사하자 ! 아부하려면 화끈하게 해라 ! 이것이 현실감각있는 참모들의 충언이었을지도 모른다. 그래 이런 화끈한 발언들이 과연 조국의 미래를 위하여 무엇을 얻어냈나? 남북공조·한미공조의 동등한 중요성을 한미공조일변도의 편파된 중요성으로 전환시키고, 정경분리의 원칙을 정경연계로 전환시킴으로써 햇볕정책의 주요 두 축을 깨버린 것이다. 이것이야말로 미국이 바랐던 것, 그래서 "디스 맨"(this man)아닌 "이지 맨"(easy man)의 영광스러운 칭호를 얻었다. 이것이 바로 노무현의 "할말은 함"의 구극적 실상이 되고 만 것일까? 아니면 이러한 극단적 아부성 발언이 과거의 공수표를 무산시킴으로써 보다 주체적인 전략을 가능케

하는 시발적 계기의 새로운 전술이 되고 있는 것일까?

네오콘의 헌법, "피낵헌장"을 주목하라!

이러한 논의에 정답을 얻기 위해서는, 한국이라는 작은 우물에서 바라보는 세계가 아닌 현재 미국을 지배하고 있는 사람들의 인식체계에서 바라보는 세계를 명료하게 이해할 필요가 있다. 현재 미국을 장악한 권좌의 사람들은 단지 우리가 보수정당의 논리에 충실한 사람들이라는 일반론으로써는 이해될 수가 없는 매우 독특한 자기들만의 세계인식의 정합적 구조 (coherent structure)를 가진 사람들이며, 이들의 조직적 활동은 이미 1997년 봄부터 이루어진 것이다.

이들은 이미 부시정권을 창출하기 훨씬 이전에 "새로운 미국의 세기를 위한 프로젝트"(The Project for the New American Century)라는 기구를 창설하고 치열한 정신의 헌장을 만들었다. 1997년 6월 3일자로 발표된 이 "헌장"(Statement of Principles)은 참으로 놀라운 문헌이다. 오늘 벌어지고 있는 모든 사태의 원류적 원칙들이 아주 정연하게 기술되어 있는 것이다.

부시 집권 훨씬전에 이미 포석

지금 우리가 살고 있는 21세기의 세계질서는 보통 "피냑 (PNAC)헌장"이라고 불리우는 이 문헌의 한줄한줄의 논리에 따라 움직여가고 있다는 느낌을 받게되는 것이다. 이 헌장에 사인한 사람들의 명단속에 체니(Dick Cheney), 럼즈펠드 (Donald Rumsfeld), 울포위츠(Paul Wolfowitz), 젭 부시(Jeb Bush, 부시대통령 동생, 플로리다 주지사), 포르비스(Steve Forbes), 코헨(Eliot A. Cohen), 후쿠야마(Francis Fukuyama), 리비(I. Lewis Libby), 퀘일(Dan Quayle), 벤네트(William J. Bennett) 등 오늘 우리가 알고 있는 주요 매파들의 이름들이 영롱하게 아롱지고 있다는 사실에 놀라움을 금할 수 없다.

이들은 우선 레이건에 대한 절대적 존경심을 표명하며 클린턴의 치세를 "잃어버린 10년"이라고 개탄한다. 그런데 이 문헌은 민주당정책을 비판하는 것으로 논리의 시발점을 삼지 않는다. 바로 민주당정책을 비판하는 보수파들의 논리가 미국의 세계역할에 관한 전략적 비젼(strategic vision)이나 외교정책에 관한 지도적 원리(guiding principles)를 제시하지 못하고 있다는 것을 강력히 비판하는데서 출발하고 있는 것이다.

네오콘의 신화는 레이건의 세계질서개편 선례

레이건정권이 소련과 동구를 붕괴시킴으로써 초래한 새로운 세계질서의 국면, 미국에게 더없는 기회와 도전을 허용하는 20세기 미국문명의 성과를 새롭게 이끌어나갈 21세기의 새로운 인식체계가 도무지 보수파들에게 결여되어 있다는 것이다. 이들은 보수주의에 대한 정당하고도 일관된 이념을 요구하고 있는 것이다. 그 이념이란 과연 무엇일까?

여기 이 문헌의 내용을 다 소개할 수는 없으나 이들이 믿는 것은 미국이 세계제일의 초강대국이라는 명백한 사실과, 이 사실과 부합되는 세계역할이다. 사실이란 자연의 질서를 말한다. 그런데 이 자연의 질서는 힘의 균형일 뿐이다. 이 힘의 균형을 어떤 도덕적 이념으로 바라보면 오히려 자연의 질서 그 자체를 엉망으로 만들어 버리고 만다는 것이다. 강자는 확실하게 강자의 역할을 해야한다. 그래야만 세계질서가 바르게 잡힌다. 도덕적 이념을 빙자한 어중이 떠중이들의 자기기만이 이 세계를 어지럽게 만들뿐이라는 것이다. 이것은 단순한 패권주의를 넘어서는 이들의 종교적 신념이며 역사적 소명이다. 이 소명을 위하여 그들은 다음의 4가지 결론을 제시한다.

네오콘의 4조신경(四條信經)

1. 미국의 글로벌한 책임을 완수하기 위하여 국방비지출을 괄목
할만하게 증가시키며, 미래를 위하여 미국의 군사력을 끊임없
이 현대화시킨다.

We need to increase defense spending significantly if we
are to carry out our global responsibilities today and
modernize our armed forces for the future;

2. 민주우방과의 관계를 강화하고 우리의 이익과 가치에 적대적
인 정권에는 도전한다.

We need to strengthen our ties to democratic allies and to
challenge regimes hostile to our interests and values;

3. 정치적 · 경제적 자유의 대의명분을 국제적으로 선양한다.

We need to promote the cause of political and economic
freedom abroad;

4. 우리는 우리의 안보와 번영과 원리에 우호적인 국제질서를 보
존하고 확대함에 있어서 미국의 유니크한 역할에 대한 책임을
수용한다.

We need to accept responsibility for America's unique role in preserving and extending an international order friendly to our security, our prosperity, and our principles.

Such a Reaganite policy of military strength and moral clarity may not be fashionable today. But it is necessary if the United States is to build on the successes of this past century and ensure our security and our greatness in the next.

June 3, 1997

미국은 끊임없이 선제공격의 "표적" 원해

20세기의 역사는 위기가 닥치기 전에 상황을 해결하며, 현실이 가혹하게 되기 이전에 위기를 해소시키는 것만이 상책이라는 교훈을 주어왔다는 것이다. 전후 반세기의 미국의 기본정책은 억제정책(Deterrence Policy)이었다. 그런데 이 정책의 가장 큰 전환을 가져온 것이 선제공격론(Preemptive Strike)이며, 이것은 2002년 9월에 부시행정부가 미국의회에 제출한 "국가안보전략보고서"(The National Security Strategy of the United States of America)에서 구체화된 것이다. 그런데 바로 이 보고서의 내용도 1997년 피낵헌장의 결론을 한치도 벗어나지 않는 것이다.

북한의 핵무장화? Yes ! 남 · 북화해? No !

그 제1조가 국방비의 증가다 ! 국방비는 어떻게 증가되는가? 이 지구상의 어딘가에 항상 긴장이 고조되어 있어야 하며, 무력적 도발의 가능성이 항상 도사리고 있어야 한다. 군사력은 어떻게 현대화되는가? 헌 무기를 자꾸 팔아치우고 새 무기를 개발해야 한다. 재고품 정리를 항상 할 수 있어야 신상품 개발이 활발히 이루어질 수 있는 것이다.

피낵헌장의 제1의 항목, 현 부시정권의 파우어 스트럭처를 이끌고 있는 핵심 수뇌부가 다같이 신봉하고 있는 이 헌장의 제1항목에 의거하여 북한의 문제를 생각한다면 우리는 매우 명백한 논리적 귀결에 도달케 된다. 현재의 미국이 원하는 것은 북한 핵무장화이며, 미국이 두려워하는 것은 남·북한의 화해무드인 것이다. 미국을 가장 곤혹스럽게 만드는 상황은 북한이 무조건적으로 핵무기를 포기하는 것이다.

이런 이야기는 매우 아이러니컬하고 냉소적으로 들릴지 모르지만, 그들의 명철한 세계인식에서 도출되는 에두름이 없는 가장 솔직한 결론인 것이다. 이들의 인식론에 루소(Jean Jacques Rousseau, 1712~78)는 없다. 단지 만인의 만인에 대한 전쟁(bellum omnium contra omnes)을 선포하는 홉스(Thomas Hobbes, 1588~1679)만 있는 것이다. 그들이 생각하는 자연상태란 늑대와 늑대의 싸움(homo homini lupus)일 뿐이다. 이 현실의 인정만이 인간의 평등에 대한 가장 정직한 존중이라는 것이다.

미국의 궁극적 목표는 중국견제

21세기 미국중심의 세계질서 재건에 있어서 장기적으로 가장 위협적 존재로서 간주되는 것은 역시 중국이다. 중국은 막강한 맨파워를 가지고 있으며 막대한 강역과 심오한 역사와 전통, 그리고 테크놀로지뿐만 아니라 기초과학분야에 있어서도 리더십을 장악하는 새로운 문명으로 부상할 가능성이 있다. 뿐만 아니라 자본주의의 발전을 위하여 사회주의의 강점을 교묘하게 결합시켜 놀라운 사회진보를 이룩해나가고 있는 것이다. 이러한 중국을 견제하는 두가지 방편이 에너지와 군사력이다. 에너지는 이라크전쟁의 성공적 수행으로 일단 마무리 되었다. 그러나 군사적 견제는 확연한 명분이 없이는 곤란하다. 그런데 고맙게도 북한이 그러한 명분을 제공해주고 있는 것이다. 갇 블레스 체어맨 킴 ! (God bless Chairman Kim !)

햇볕정책은 포기될 수 없는 민족의 당위

이제 우리는 노무현의 방미성과에 관하여 그의 아부성 발언이 과연 무엇을 의미하는지를 엄밀히 분석해볼 필요가 있다. 우선 그의 아부가 미국의 엄정한 정책적 현실을 직시하는데서 출발한 것인지 아닌지를 점검해 봐야 할 것이다. 즉 그의 아부와 무관하게 이미 미국의 정책방향이 확고하게 결정되어 있는 것이라면, 그의 아부의 의미는 센티멘탈 어필밖에는 안되는 것인데, 과연 북한을 자극시키고 등돌리게 만드는 발언까지 할 필요가 있었겠느냐는 것이다. 왜 그랬을까? 노무현은 정말 북한을 더 이상 믿을만한 상대로 생각지 않으며, 구시대의 체제와 가치를 고집하기 때문에 결코 파트너가 될 수 없다고 생각한 것일까? 정말 그럴까?

북한의 핵카드는 네오콘에게 명분제공

미국은 북한이 핵무기를 고집할 수밖에 없는 방향으로 적당히 밀고 땡기고 하면서 사태를 벼랑끝으로 진전시키려 할 것이다. 그리고 이러한 작전은 결코 문제의 해결을 도모하는데 소기의 목적이 있지 않다. 동북아에 있어서 미국의 미사일 방어체제의 구축이나 재래식 무기의 판매에 도움을 주는 명분의 원천으로서 한반도의 긴장을 장기적으로 유지하고 강화시키려는데 그 본의가 있는 것이다. 그렇다면 극단적으로 북한의 허세는 이러한 미국매파의 전술의 방편역할을 수행해주는 의도적 제스처일 수도 있다.

다시 말해서 한국을 제외시키는 북·미간의 밀담은 "짜고치는 고스톱"일 수도 있다. 미국 매파의 명분을 강화시켜주는 역할을 벼랑끝까지 수행함으로써 오히려 북한의 체제를 보장받는 위험한 게임이 우리 주변에서 벌어지고 있는 것이다. 노무현은 이러한 짜고치는 고스톱의 작태를 파악하고 북한에 경멸감을 표명한 것일까?

피낵의 부소장인 엘렌 보크(Ellen Bork)가 최근(2003. 4. 14.) 『아시안 월 스트리트』에 기고한 문장도 북한과의 전쟁은 감당키 어려운 요소를 많이 포함하기 때문에 재래식 무기를 팔아먹을 수 있는 긴장을 유지시키는 것이 상책이라고 권유하고 있는 것이다.

북한 핵무장화의 결론은 남·북한 공멸

이러한 모든 분석에도 불구하고 노무현의 햇볕정책 포기선언이나 북한에 대한 경멸감의 표시는 결론적으로 문제의 해결이나 조국의 미래를 위한 비젼의 제시에 있어서 너무도 치졸한 레토릭에 그치고 말았다는 아쉬움이 사려깊은 교포와 뜻있는 미국지식인들 사이에 너무도 강하게 남아있다. 미국에 아부하는 방식이 북한을 폄하하는 방식으로써만 가능하다는 사고력은 지도력의 한계이거나, 논리구사 능력의 함량미달 내지 복합적 전략의 미비함을 드러낸 사태라는 것이다.

위태로운 벼랑끝 게임을 북한과 미국이 합동으로 벌이고 있다고 할지라도, 위험한 궤도에 한번 오르게 되면 북한은 도중 하차하기가 어려울 수도 있다. 그래서 진정 북한이 핵무장화된 다면 북한의 미래는 암담한 수렁으로 빠질 수밖에 없으며, 따라서 남한의 미래도 예측할 수 없는 벼랑길 위기에 봉착하게 될 것이다. 북한이 과격하게 나가는 것은 남한으로서는 최악의 상황이다.

盧의 레토릭은 보다 입체적으로 구사되어야

노무현이 현명했더라면 미국의 확고한 정책방향에 대해 지지를 표명하면서도 북한의 문제에 관해서는 궁극적으로 핵무기화를 포기하는 선언을 유도할 수 있는 여러 가지 장치를 염두에 두고 레토릭을 구사했어야 했다.

북한이 최후적으로 신뢰할 수 있는 상대는 같은 동포인 남한밖에 있을 수 없다고 하는 안도감을 주는 자세를 우리는 하시도 포기해서는 안된다. 그리고 어떻게 해서든지 중국과 일본의 이해관계를 조정하며 핵포기를 하는 것만이 북한이 살 수 있는 유일한 길이라는 것을 북한 당사자에게 설득시켜야 한다. 경제적 지원이나, 외교관계 정상화나, 체제보장의 인가를 얻어낼 수 있는 핵포기의 타이밍이 빨리 올 수 있도록 도와주는 것은 결국 남한과 중국과 일본의 연계선상에서 이루어질 수밖에는 없다. 그러나 이러한 화해와 타협의 의미를 미국은 끝까지 거부하려 한다는 엄연한 현실을 우리는 냉정하게 직시하지 않을 수 없다. 그것이 우리의 딜렘마요 비극이다.

제3절 김정일 위원장께 DMZ에서 보내는 편지

나는 2002년 12월 2일 기자가 되었다. 그리고 내 생애에서 가장 바쁜 나날을 보내기 시작했다. 2002년 12월 26일 국방부는 경의선철도를 잇고 있는 현장, 휴전선 안의 군사분계선(MDL)으로 우리기자단을 초대했다. 새벽에 문화일보에 나가 김우중과의 인터뷰기사를 마무리지어 넘기고 나는 국방부로 갔다. 우리기자단이 뻐스 2대에 분승하여 도라전망대에 도착한 것은 10시 20분경이었다. 이병욱대령의 브리핑을 들었다. 살을 에는 듯한 혹독한 추위였다. 제2통문을 지나 녹슨 분단의 상처로 남아있는 장단역 화통을 보았다. 그리고 MDL에 도착했다. 북한군인이 보초서고 있는 분단의 최후선까지 다가갔던 것이다. 걱정되었던 지뢰제거작업이 성공적으로 완수되었고 훌륭한 신작로가 닦여 있었다. 내 인생에서 처음 본 북녘땅, 그리고 인민군, 혹한의 바람속에 쓸쓸한 감회가 피어올랐다. 저 멀리 개성 송악산까지 보였다. 그런데 이날 해프닝에 엠바고가 걸렸다. 12월 31일까지는 기사를 쓰지 말라는 것이다. 고라니 한쌍이 뛰어갔다. 이때 기자들이 "고라니도 엠바고냐?" 하고 외쳤다. 하여튼 국방부에서 이 취재에 엠바고를 놓는 바람에 모처럼만의 감회가 시시하게 끝나버리고 말았다.

멍청한 관료주의라 할 수 밖에!

나는 12월 31일 군사분계선을 최초로 방문한 사건을 쓰는 대신 김정일 위원장에게 편지를 보냈다. 엠바고 때문에 분위기가 시들어지자 딴 기자들은 이 사건을 보도하지 않았다. 나는 김정일 위원장에게 보내는 편지로 기상천외의 역수를 놓은 것이다. 기자로서의 나의 순발력은 항상 이런 식으로 발휘되었다. 이 글은 2003년 1월 1일(수)자 『문화일보』에 3면(제1 · 4 · 5면)에 걸쳐 나갔다.

도올의 국가비젼

나라는 깨져도 산하는 의구

붉은 깃발이 펄럭입니다. 여기가 MDL(Military Demarcation Line), 그러니까 군사분계선이라는 곳이래요. 보통 휴전선 철조망이 있는 남방한계선에서 2km나 더 들어온 곳이래요. 얼마 전까지 제 아들이 6사단 청성부대에서 졸병으로 근무를 했어요. 그래서 아들 면회를 갔다가 사단장님의 배려로 청성오피와 철마가 있는 월정리는 가본 적이 있었지요. 그때 철책선 안에 있는 궁예의 철원도성까지 들어가 보고 싶었는데, 그것은 유엔군사령부의 허락을 받는 까다로운 절차가 필요하다고 해서 그만두었지요. 그래서 멀리 비무장지대(DMZ)를 바라보면서 현묘한 감회만 달래다가 그냥 돌아왔지요. 난 DMZ라는 것이 아주 울창한 숲으로 덮여있는 곳인 줄 알았어요. 그런데 생각보다 황량한 갈대벌판이더군요. 항상 양쪽에서 맞불을 질러대서 그렇다는군요. 그런데 요번에 제가 온 곳은 1사단 관할구역 경의선이 맞닿은 곳이래요. 우뚝우뚝 솟은 개성의 고층빌딩이 육안으로 훤히 보이고 바로 붉은 깃발이 휘날리는 군사분계선 코앞에 북한의 병사 두 명이 우람차게 보초를 서고 있는 것을 보니까, 아~하~ 내가 정말 분단조국에 살고 있구나! 만감이 교차하더라구요. 우리조국의 산하는 말없는 양옆의 갈대가 지키고 있었구나! 때마

침 고라니 두 마리가 깡충깡충 사뿐사뿐 지뢰도 아랑곳하지 않고 고이 즈려 밟고 지나가더군요. 갑자기 성당(盛唐)의 시인 두보(杜甫, 712~770)의 「춘망」(春望) 시구가 절로 떠오르더라구요.

國破山河在
나라는 깨져도 산하는 의구해라
城春草木深
성에 봄은 돌아와 무성한 잡초 전쟁의 상처를 덮고
感時花濺淚
감상에 젖을 때 꽃마저 눈물을 뿌리우누나
恨別鳥驚心
이별을 서러워하는 마음 새소리마저 두근거리게 하네…

우리가 얼마나 오래 헤어져 살았습니까? 군사분계선의 꽥꽥거리는 장끼소리마저 가슴을 설레게 하더군요. 그런데 사실 이렇게 낭만적인 분위기는 아니었어요. 여기저기 기자들이 부산하게 사진을 찍어대고, 저는 영하 13도의 추위 속에서 콜록콜록 거리고 있었지요. 호되게 감기가 걸린 뒤끝에다가 밤새 기사를 쓰고 나왔거든요.(김우중회장과 동남아 어느곳에서 회동했던

도올의 국가비젼

내용을 2회에 걸쳐 연재하여 엄청난 반향을 일으켰다.)

저는 초년병 기자올시다. 『취화선』도 제 작품이라구요.

제 소개를 해야겠군요. 전 기자입니다. 아참, 영화에 취미가
많으시다구요? 최근 칸 영화제 감독상을 받은 임권택 감독의
『취화선』이라는 작품은 제 작품입니다. 그 동안 『장군의 아들』
을 비롯하여, 많은 영화·연극 시나리오를 썼지요. 『취화선』이
칸 영화제 상을 받는 데는 저의 번역작업이 결정적 역할을 했

답니다. 그런데 이런 얘기 다 쓸어버리고, 저 자신을 가장 자랑스럽게 소개하고 싶은 직업이 기자랍니다. 저는 현재 문화일보사의 말단 평기자입니다. 『문화일보』는 정말 좋은 신문입니다. 우선 이념적 전제가 없어요. 빨갱이다 파랭이다 이런 게 전혀 없어요. 그렇다고 회색도 아녜요. 그냥 순수하게 사물을 있는 색깔 그대로 보죠. 그런데 더욱 중요한 것은 자유랍니다. 생각의 자유가 완벽하게 보장되는 곳이죠. 그것은 자유로운 파격의 수용을 의미하는 것입니다. 그래서 저는 요즈음 매우 행복하게 살고 있습니다. 반세기가 넘는 인생여로에서 최초로 붓의 사회적 효용을 즉각적으로 느끼는 그런 창조적 긴장 속에서 살고 있다구요.(문화일보에 대한 나의 평가는 불행하게도 내가 기자생활을 하고 있던 시절에 국한시켜야 할 것 같다. 나와 김정국사장이 함께 문화일보를 떠난 후 문화일보는 그동안 축적해 왔던 미덕을 다 까먹고 있는 듯한 인상을 주고 있다. 참으로 안타까운 일이다. 한 조직의 리더십이 얼마나 중요한가를 실감케 해준다. 김정국사장은 내 전 생애에서 만난 잊지못할 대인[大人]이었다. 김정국사장과 황열헌편집국장 체제 아래서 문화일보는 그 전성기를 구가했다. 바로 그때 내가 영입되었던 것이다. 後註.)

저는 당신의 진솔한 모습을 남녁동포에게 보여주고 싶습니다

김정일위원장님 ! 당신은 정말 유명한 분이시죠. 이 지구상에서 모르는 사람이 없을 테니까요. 그에 비하면 저는 매우 초라한 이름없는 서생에 불과합니다. 그런데 기자가 되기 전까지 저는 당신을 만나려고 무척 노력을 했습니다. 제가 KBS에서 우리 국민들에게 『논어』강의를 했습니다. 권위와 인기가 보장된 프로였죠. 김대중 대통령을 만나셨을 즈음, KBS는 꼭 본다고 말씀하신 것을 기억하고 제 강의도 최소한 한두 번은 보셨을 것이라고 생각했죠. 그리고 저는 제 프로 속에 당신을 출연시키고 싶었습니다. 김대중 대통령의 북한방문에 대한 보답으로 남한에 오시기 전에, 저 같은 사상가와 한번 대담을 나누는 진솔한 모습을 우리 남한동포들에게 보여주실 수만 있다면 훨씬 부드럽게 남한사회에 접근하실 수 있을 텐데 하고 판단했죠. 그래서 박지원 비서실장을 조용히 만났어요. 조찬을 같이 했는데, 제 진심은 잘 이해를 하면서도 선뜻 아무런 액션을 취할 수가 없는 듯한 표정만 짓더라구요. 요즈음 김정일 위원장님이 남한에 대해 신경을 별로 못쓰시고 있는 형편이라고 하더군요. …… 결국 KBS 방송 끝나기 전에 아무것도 성사되질 못했어요.

저와 달라이라마와의 만남도 아름다웠지요

그리고 전 미국으로 외유를 떠나야 했고, 그 뒤 인도를 가서 달라이라마를 만났습니다. 인류평화를 위하여 아주 유익한 만남이었어요. 그와 대담한 내용을 저는 『달라이라마와 도올의 만남』이라는 3권의 책으로 펴냈습니다. 저는 인류정신사의 한 원류, 팔리어 경전의 밀림지대인 원시불교에 탐험을 수행했습니다. 그리고 그 결과를 EBS를 통해 국민에게 강의했습니다. 저는 아는 것을 속에 담고 있질 않고, 타인들이 쉽게 이해할 수 있도록 펴내는데 좀 재주가 있습니다. 이 땅의 젊은이들, 그리고 연령과 성별에 관계없이 뜻있는 많은 분들이 제 강의를 경청해주었습니다. 강의를 하기 전에 저는 이런 생각을 간절히 했습니다.

저는 인류의 평화를 위해 당신을 만나고 싶습니다

인류의 평화와 인간의 해방을 위하여 나는 달라이라마와 그토록 진지한 대담을 가졌는데, 왜 같은 민족의 사람이면서 나와 김정일 위원장은 그러한 진지한 대화의 시간을 가질 수가 없을까? 너무도 많은 사람들이 좋아할 텐데.

그래서 요번에는 통일부 장관 정세현씨를 찾아갔어요. 월드컵이 시작될 무렵이었어요. 정세현은 나와 대만유학 동기거든요. 그리고 그 아들이 제 제자래서
개인적 교분이 좀 있습니다. 그런데 정세현장관도 원론만 가르쳐주더라고요. 선민후관(先民後官)의 민간교류를 현정권은 환영한다. 그럼 어떻게 교류해야 하는가? 북한으로부터 초대장만 받아와라. 그럼 보내주겠다. 초대장은 어떻게 받는가? 북경에 가면, 아태(아시아태평양위원회)니, 민화협이니, 민경련이니, 범태니 하는 조직이 있다. 그런데 이들 조직원들이 대부분 북경주재한국상사원들과 긴밀한 연락이 있다. 그러니 그들을 잘 아는 한국기업의 주재원을 컨택하라! 그 중 아태연줄이 제일 확실할 것이다. 그래서 나는 그 말만 고지식하게 믿고, 바보스럽게도 며칠 후에 북경을 갔지요. 그리고 아태와 교류가 깊은 현대아산 북경주재원을 만났어요. 참 좋은 사람이었어요. 그런데 내 말을 듣더니 매우 황당하게 날 쳐다보더군요.

아태라는 조직은 북경에 상주하는 직원도 두고 있질 않다는 거예요. 최근 돈이 없어 다 철수해버렸다는 거예요. 그리고 팩스로만 통신한대요. 그런데 도대체 어떻게 자기가 그런 어마어마한 일을 중재할 수가 있냐는 거예요. 아태직원들은 자기가 조금만 말 잘못해도 팩 토라지기 일쑤라는 거예요. 그리고 어떻게 그들 중에서 나 같은 이방인을 김정일 위원장님께 면담시켜 드리는 책임을 도맡을 인물이 있다고 기대할 수 있겠냐는 거예요. 나중에 무슨 일이 벌어질 줄 알고, 아무 것도 생기는 것이 없는 나를 김정일 위원장님께 소개시켜드릴 수 있겠냐는 거예요. 듣고 보니 참 맞는 말이었어요. 난 돈도 없고 권력도 없고 연줄도 없고, 그러면서 말은 자유롭게 하는 사람인데 그 뒷 책임을 누가 감당하겠냐는 것이죠? 참 현명한 판단이었어요. 진실이 통하기에는 너무도 두터운 장벽이 있다는 것을 난 상상도 못했던 거예요. 떠나오기 전 분위기를 전달해준 어느 관계자의 말이 생각났습니다.

북경일숙(一宿), 어리석은 우국의 판타지

"김형 말야! 김정일 위원장은 다양한 감성의 소유자이니까 잘 컨택만되면 인터뷰가 성사될 수 있을지도 모르겠어. 며칠 초대소에 있게 되겠지. 그리고 한 30분전에 벼락같이 김정일 위원장동지께서 오신다고 통지가 올 거야. 그리곤 1시간 정도 대화 나누고, 잘하면 저녁까지 초대받을 수 있을지 몰라! 그리구 포도주 한잔 꿀꺽하고 나면 연기처럼 사라질 거야."

물론 저는 당신과 포도주 한잔을 꿀꺽하기 위해서 만나자는 것은 아닙니다. 무엇인가 우리민족의 미래를 위하여 당신과 나 사이에서 토론할 수 있는 많은 것들이 있다고 생각했어요. 난 무엇보다, 김정일 그 인간의 냄새를 맡고 싶었어요. 어떤 성품의 위인인지, 뭔 생각을 하고 사는지, 그 진실을 편견없이 전달할 수 있는 붓이 이 지구상에서 오직 도올의 붓밖에는 없다는 자부심이 있었던 것입니다. 정치인들보다는 저 같은 학인의 붓을 통해 당신의 모습이 세상에 알려져야 할 것 같았어요. 저의 붓의 진실을 남한동포와 우방세계의 많은 지식인들이 믿어주거든요.

그 날 저녁 저는 그 주재원이 유현덕(劉玄德)의 고향을 가본 적이 있다길래, 그와 경석고속공로(京石高速公路)를 달렸지요. 두어 시간 지나니 하북성(河北省) 탁주(涿州)라는 곳에 도착하더군요. 유비가 자라난 누상촌(樓桑村)이라는 곳을 어렵게 찾아갔어요. 논두렁 한가운데 외롭게 비석 하나만 서있더군요.

그런데 유비가 놀았다는 다섯 길의 뽕나무가, 요망지중중여거개(遙望之重重如車蓋)라, 수레덮개를 첩첩이 쌓아올린 듯한 모양으로 우뚝 서있는 것 같았어요. 그런 기상이 리얼하게 느껴지는 서기같은 것이 감돌았어요. 그러나 나에겐 도원결의의 기회는 오질 않는구나 하고, 탄식에 탄식을 거듭하면서 그냥 어둑어둑 땅거미가 감도는 속에서 발길을 되돌렸지요. 이게 어리석은 도올의 우국(憂國) 판타지의 전부였지요.

경의선의 기구한 역사

지금 경의선이 보입니다. 옛 장단역 주변에 6 · 25때 폭격맞은 기차화통도 보입니다. 경의선은 원래 구한말에 불란서 사람들이 그 부설권을 따내었던 것입니다. 그런데 그 부설권을 따낸 피블리유회사(Compagnie de Fiveslille)의 대표 그리에(Grille)가 재력의 부족으로 부설권을 포기하게 되었습니다. 그 뒤 애국계몽운동으로 반환된 부설권은 박기종이 주도하는 대한철도회사에 특허되었던 것입니다. 그런데 재력이 부족했던 박기종도 실패하자 정부는 외세를 배격하기 위하여 궁내부 직영으로 그 공사를 진행시켰던 것입니다.

도올의 국가비젼

녹슨 장단역 철마

그런데 일본은 노일전쟁을 일으킨 직후 1904년 3월 12일 그 부설권을 강제로 빼앗아 버렸습니다. 결국 서울을 기점으로 개성, 사리원, 평양, 신안주를 거쳐 신의주에 이르는 우리나라 관서지방의 종관철도인 경의선은 일본제국주의의 대륙침략을 위한 가장 기본적인 간선동맥으로 역할하였던 것입니다.

침략의 철길에서 화해의 철길로 !

우린 어렸을 때 기차만 지나가면 철길 두렁으로 달려가서 쑥

덕궁을 멕였지요. 그게 뭔 뜻인지도 모르고 그렇게 열심히 쑥덕궁을 멕였지요. 기차는 조국근대화의 건설의 상징이 아니라 우리 삶의 파괴의 상징이었습니다. 일본놈들은 역전부지로 20만 평 이상을 요구하였고 이 지역에 살던 한국인들은 시가의 10분의 1도 못되는 형식적인 보상에 의해 강제로 쫓겨나고 일시에 생활기반을 잃었지요. 그리고 역전이라는 역전은 일본인 거류지가 되었고 일본인은 역전 상권을 장악했습니다. 역전 주변으로 신도시가 형성되었지요. 신의주도 철도 때문에 새롭게 생겨난(新) 의주(義州)란 뜻의 이름이지요.

그러한 경의선이 지금 이제 조국분단의 비극을 청산하는 상징으로서, 남북화해의 최초의 장으로 부활한다는 것은 참으로 감개무량한 사건입니다. 일본이라는 외세의 대륙침략의 전초가 아니라, 외세를 배제하는 남·북간의 화합의 장으로서, 민족공동번영의 대륙진출의 대동맥으로서 새로운 의미를 지니게 된 것입니다. 6·25 한국전쟁 개전 첫날 새벽4시! 어떤 일이 있었는지 아십니까? 팔로군 출신의 북한 제6사단장 방호산(方虎山) 장군이 자기 휘하 병력을, 폐쇄되었지만 연결되어 있었던 경의선을 통해 당시 남한의 영역이었던 개성(38선 이남)까지 일시에 밀어붙였던 것입니다. 후방에 공수부대를 낙하시키는 효과를 달성시켰던 것이죠. 이때 미군 군사고문이 아침 출근길에 모르고 개성역앞을 지나가다 벌집될 뻔한 이야기도 재미있구요. 하여튼 백선엽 장군 휘하의 1사단이 이 사건으로 일시적이나마 와해되었던 것이죠. 그런 비운을 간직한 경의선의 철마가 다시 달리게 되다니, 역사의 전변(轉變)이란 참으로 무상(無常)한 것이죠.

경의선 연결, 조선은 유라시아 대륙 물류센타로 부상

그런데 경의선철도 연결의 가장 큰 의미는 조선반도가 유라시아대륙의 물류센터로 다시 세계사에 등장한다는 데 있습니다. 노무현씨도 부산에서 유세할 때 그 사실을 아주 강조하더군요. 부산대학교 학생이 부산역에서 기차 타고 파리 유학을 간다, 이런 일이 다반사가 되고, 모든 화물수송 또한 이와 더불어

새롭게 이어지고 있는 경의선

이루어지게 되는 것이겠죠. 그런데 이렇게 좋은 일을 꺼려할 세력도 있습니다.

일본, 중국, 러시아는 모두 이러한 물류방식에 크게 반대할 이유가 없습니다. 그러나 미국은 크게 좋아할 이유가 별로 없습니다. 미국의 해군은 인류역사상 미증유의 막강한 실력을 보유한 조직이며 4개 함대가 5대양을 장악하고 있습니다. 일개 항공모함에 5·6천 명이 자고 있습니다. 비행기가 70대 이상 있구요. 바다에 떠있는 하나의 도시국가인 셈이지요. 움직이는 대륙이에요. 대영제국도 이러한 미국의 함대 실력을 보유한 역사가 없습니다. 우리가 지금 해상수송을 마음대로 하고 있다는 것은 바로 미국의 보이지 않는 해군력이 자유왕래를 보장하고 있기 때문에만 가능한 것입니다. 그런데 경의선의 개통은 이러한 해상물류가 육상물류로 전환된다는 것을 의미하고 이것은 곧 미국의 영향력의 감소를 의미하는 것이죠.

육상물류 발달, 미국의 해상권 장악 의미감소

지난 11월 28일, 유엔사측 대표이자 한미연합사 부참모장인 제임스 솔리건 소장이 군인이나 민간인이 비무장지대에 들어

가거나 군사분계선을 넘으려면 반드시 사전에 유엔군사령관의 허가를 받아야 한다고 휴전협정상의 승인권을 환기시킨 것은 명백히 이런 불안감에서 유래된 딴지걸기작전이 분명합니다. 그 동안 남북한의 민족내부간의 교류의 문제는 자체적으로 당사자간에 진행되도록 위임해왔던 관례를 깨버리는 발언을 왜 새삼 해야만 했을까요?

휴전협정은 평화협정으로 바뀌어야

여기에는 매우 복잡한 역사의 상흔이 얽혀있습니다. 한국전쟁이 종료될 때 이승만 대통령은 휴전을 거부했습니다. 북진통일의 실력도 없으면서 북진정책만을 고집했고 전쟁의 책임을 회피하고 반공의 분위기를 조성하기 위하여 이념적으로 휴전협정 그 자체를 인정하지 않았습니다. 따라서 휴전협정은 유엔군과 북한군과 중국군 사이에서만 이루어졌으며, 남한은 협정의 주체로서는 철저히 배제된 사건이었습니다. 그것은 어리석은 이승만의 자초지화였습니다. 따라서 북한은 휴전협정에 관한 모든 사태에 관하여 남한의 주체성을 전혀 인정하지 않을 수 있는 법리상의 정당성을 보유하게 된 것입니다.

명료한 주체성 서로 인정

남한이 휴전을 거부한 결과, 한국전쟁 자체가 철저히 북한과 미국간에서만 이루어진 전쟁이 되어버리고만 것입니다. 휴전이란 곧 전쟁중이라는 의미를 내포합니다. 전쟁중이지만 쉬고 있을 뿐이라는 뜻이지요. 따라서 이제 휴전은 의미가 없습니다. 실제적으로 우리는 전쟁중이 아니니까요. 그렇다면 휴전협정은 당연히 평화협정으로 바뀌어야 합니다. 휴전선은 이제 국경선이 되어야 하며, 우리는 분단국가로서의 서로의 명료한 주체성을 인정한 위에서 새롭게 통일을 시도해야 하는 것입니다.

北의 외교력을 다변화 시키십시오

북한은 오래 전부터 이러한 평화협정을 줄기차게 주장해왔습니다. 그런데 북한은 평화협정을 주장하면서 철저히 남한의 참여를 배제했고 동시에 주한미군의 철수를 주장했습니다. 이것이 남한이나 미국이 평화협정에 관심을 가질 수 없게 된 이유였습니다. 즉 실효를 거둘 수 없는 공허한 이념적 주장일 뿐이었던 것이죠.

이렇게 시의에 적합하지 않은 주장은 많은 모순을 야기시킵

도올의 국가비젼

니다. 일례를 들면, 육로관광이나 경의선개통 문제에 있어서 유엔사에 월경승인을 받지 않고 남북간의 주체적 왕래만을 고집하는 북한의 태도와, 평화협정에 있어서 철저히 남한의 주체성이나 참여를 인정하지 않겠다는 북한의 주장은 매우 자가당착적인 것이 되어버리고 마는 것입니다. 이 모든 문제를 해결하는 첩경은 휴전협정을 남한이 참여하는 평화협정으로 바꾸는 것입니다. 그러니까 평화협정을 북한과 남한과 미국 사이에서 평화적으로 해결하자는 것이죠.

미군철수가 우리 주체적 노력의 전제가 될 순 없어

그리고 북한은 미군철수라는 교조적인 맹목적 주장에서 이제 벗어나야 합니다. 미군철수? 그것은 이미 카터 대통령도 주장한 바 있지만, 남한의 많은 진보적 지식인들도 궁극적으로는 바라는 것입니다. 양키 고홈! 그러나 문제는 그렇게 간단치 않습니다. 양키가 없어져도 중국·일본·러시아라는 대국의 입김은 미국보다 더 버거운 상대일 수도 있습니다. 미국의 존재를 반드시 북한에 적대적인 것으로만 생각하는 것은 매우 유치한 발상입니다. 미국이 빠지게 되면 일본이 재무장하지 않을 수 없으며, 동북아의 세력균형은 쉽게 파괴되고 맙니다.

통일조국이 이루어진다 하더라도 필요한 시기까지 우리는 미국을 이용하여 동북아의 세력균형을 잡을 필요가 있습니다. 미군이 북한만을 상대하는 것은 아니며, 동북아시아의 세력균형과 안정을 유지하는 데 불가결한 힘이 될 수도 있는 것입니다. 중국도 우리에겐 견제되어야만 할 무자비한 힘이라는 사실을 잘 생각해보십시오. 당신의 신의주특구 구상의 허무한 좌절을 한번 생각해보십시오.

부시와 빈 라덴은 친구, 남한의 핵개발史

9·11사태와 부시정권의 등장! 어떻게 그렇게도 궁합이 잘 맞는 사건이 되었는지, 인류의 역사는 오묘하기만 합니다. 빈 라덴이 부시를 증오한 사람인지, 사랑한 사람인지조차도 알 수가 없게 되어버렸습니다. 빈 라덴 덕분에 부시는 천하를 호령할 수 있는 빌미를 얻었으니까요. 부시가문과 빈 라덴가문이 오랫동안 친교가 깊은 장사파트너라는 엄연한 사실은 세상이 다 아는 일입니다. 부시의 천하호령은 매우 간단한 논리에 입각한 것입니다. 미국과 미국을 추종하는 세력만이 선이고, 그 외의 모든 세력은 악이다. 이러한 선악의 규정이 자의적이라는 것은 말할 나위도 없지만, 문제는 그러한 선악의 규정을 강요할 수 있

백악관앞 평화시위, 2003. 5. 20. 촬영

는 힘이 현재 미국에만 있다는 것입니다. 미국은 패자(覇者)입니다. 패자의 특성은 도덕성을 거부한다는 것입니다. 이러한 패자의 횡포에 시달리는 남한도, 이미 이승만시대 때부터 핵무기개발의 환상에 매달렸습니다. 수소가스에 불붙여서 뺑 터뜨리면서 전전(戰前)에 비밀리 연구해온 노하우를 가지고 있다고 사기치는 어떤 일본인 야바위꾼에 속은 적도 있습니다. 박정희 대통령도 집권말기에 카터정권의 미군철수와 맞서 캐나다에서 중수로 방식의 원자력발전소를 도입하여 핵무기개발에 박차를 가했습니다. 그러다 결국 미국과 군사지원을 얻는 모종의 타협을 보고 핵무기개발을 포기했다고 합니다. 그 뒤 득세한 전두환 신군부 세력은 그들의 정통성을 인정받기 위하여 핵주권뿐만 아니라 핵기술주권까지 철저히 포기하고 말았지요.

켈리의 방북, 북한의 외교적 실책

남북한이 이와 같이 대치하고 있는 상황에서 북한이 핵무기 개발로써라도 어떤 성세를 확보하려는 노력을 많은 남한의 지식인들도 생존을 위한 몸부림으로 받아들일 수도 있습니다. 그러나 진정, 핵폭발실험을 한번도 안해본 북한이 무기로서 신뢰할 수 있는 핵폭탄을 만들 수 있는 실력을 보유하고 있는가 하는 기초적 사실부터가 의문이 되기 때문에 우리는 어떠한 판단도 유보할 수밖에 없는 것입니다. 그것은 아무래도 레토릭의 국제역학 같아요.

내가 생각키에도 2002년 10월초 미국특사 켈리의 방북은 북한을 악의 축으로 규정하기 위한 억지춘향의 음모에 불과한 사건이었습니다. 발표내용을 아무리 뜯어보아도 북한의 핵개발에 대한 구체적 증거제시가 없습니다. 강석주 외무성 제1부상이 화나서 한 몇 마디를 왜곡적으로 번역하여, 이전까지 밝혀지지 않았던 새로운 방식의 핵개발프로젝트가 진행되어 왔다는 것을 자백했다는 식으로 휘몰아친 것입니다. 그런데 더더욱 신비로운 것은 북한이 그러한 왜곡을 즉각 적극적으로 해명치 않고 덤터기를 뒤집어쓰는 것으로 만족했다는 것입니다. 9·11이후 대테러전쟁의 명분이 아프가니스탄으로 끝나버리자, 대량살상무기를 만드는 나라들에 대한 전쟁을 다시 선포하면서 이란·이라크·북한 세 나라를 악의 축으로 지목한 그 덤터기를 왜 북한이 뒤집어써야만 했는지, 저는 이해하기가 어렵습니다. 외교적으로 너무 나이브한 실책의 결과가 아닐지요?

체제보장과 국제고립탈출은 동시에 진행可

북한이 현재 불가침조약에 상응하는 어떤 체제보장을 해주면 핵위기를 포함한 모든 위기해소의 협상에 응하겠다는 주장은 도덕적으로 매우 정당한 것입니다. 그러나 미국은 패권주의에 불타있으며 그런 도덕성 자체를 거부하는데 힘의 희열을 느끼고 있습니다. 부시는 클린턴과는 전혀 다른 종류의 인간입니다. ABC！ Anything But Clinton！

제2의 한국전쟁 가상 시나리오?

까불지 마라 ! 무조건 원점으로 돌려라 ! 원점으로 안 돌아가면 죽어! 당신의 벼랑끝전술이 미국을 협상테이블로 이끌어내기 위한 것이라면 그것은 정말 오판입니다. 그것은 결국 당신이 본의 아니게 핵개발로 치닫는 막다른 골목으로 휘몰리는 결과만 초래할 뿐입니다. 그 마지막 결론은 무엇일까요? 미국은 2월말까지 이라크를 손본 후에 3월초 북한의 영변 핵관련 시설을 선별적으로 파괴시키는 폭격을 가할지도 모릅니다. 그럼 당신은 가만히 있을까요? 결국 당신의 군부는 당신의 통제력을 넘어설 것이고, 남한에 폭격을 가할 것입니다. 주한미군 시설을 공격할 것입니다. 문산, 동두천, 용산에? 그런데 과연 그런 선별적 공격의 정밀성이 보장될까요? 일산의 아파트 단지에 떨어진다면? 남한의 군대는 미군의 도움 없이 전면전을 수행하기가 좀 곤란할 수도 있습니다. 그러면 미군이 북한을 폭격하면서 남한을 억제시킬 수도 있습니다.

남 · 북한 모두 보수화를 막아야

그럼 남한에는 보수세력이 다시 득세하고, 반북이데올로기

도올의 국가비젼

가 급격히 강화되겠지요. 그러나 과연 이러한 시나리오가 당신 김정일 위원장의 리더십의 존속을 가능케 할 수 있을까요? 어떠한 전쟁도 남한의 경제와 국가신용도에 치명타를 가할 것입니다. 과연 이런 싸움에서 승자는 누구일까? 6 · 25도 겪었는데 한번 다시 또 겪어볼까? 해이해진 놈들, 정신 좀 차리게?

우리가 얻어야 할 것은 경제적 실리

당신이 지금 미국 앞에 무릎을 꿇는다는 것은 영변에 폭탄맞는 것보다 더 치욕적인 자멸의 길일 수도 있습니다. 그렇다면 퇴로는 없는가? 한번 깊게 생각해보십시오. 남한이 핵보유국가가 아닌 이상, 그리고 남북한의 화해를 당신 정권의 미래방향으로 생각치 않을 수 없는 이상, 북한의 핵개발은 궁극적으로 북한을 고립시킬 수밖에 없습니다. 핵개발로 얻을 수 있는 것이 너무도 미미하고 주변에 불안감만 증폭시킵니다. 그런데 지금 당신은 평화협정 문제로부터 핵문제에 이르기까지 너무 고지식하게 미국일변도의 외줄타기만 하고 있습니다. 주변국 지도자들의 충고를 경청하십시오. 북한의 외교력을 다변화시키십시오. 일본은 지금 일본인납치문제로 내부여론에 발목이 잡혀있기 때문에 별로 좋은 상대가 아닙니다. 그러나 최소한 오랫동안의 우방인 중국과 러시아는 미국의 동북아패권을 원치 않습니다. 국가안전의 보장을 미국에게 받으려 하지말고, 중국과 러시아에게서 우선 받으십시오. 기존의 공동방위조약을 강화할 수도 있을 것입니다. 또 남한이 외교적 수완을 발휘해서 중국·러시아가 합동으로 북한에게 어떤 경제적 실리를 주면서 핵무기를 포기하는 퇴로를 만들어주고 그러한 모양새에 북한이 응하는 식으로 사태를 진전시킬 수도 있을 것입니다. 미국의 양보를 받아내기 위해서는 미국과 싸울 것이 아니라 동북아지역의 다른 국가들과 균형잡힌 대화를 지속하면 오히려 미국은 동북아지역에서의 영향력의 감퇴를 두려워하여 협상테이블에 나올 것입니다. 러시아의 푸틴이나 중국의 후진타오가 북한을 방문하여 사태를 중재하도록 남한이 외교적 수완을 발휘할 수도 있습니다.

南기술과 北노동력의 결합만이 살 길

예로부터 현명한 지도자들은 말이 멕히지 않는 무지막지한 강자 앞에는 슬기롭게 굴복할 줄도 알았습니다. 지금 우리가 힘써야 할 것은 군사적 대결이 아니라 경제적 실리입니다. 남한의 기술력과 북한의 노동력의 결합은 비약적인 경제적 도약을 가져올 수가 있습니다. 평화적 용도를 위한 핵개발이라면,

이러한 실리를 취한 후에 천천히 한번 다시 생각해볼 수도 있는 문제입니다. 당신의 나라는 민생에 허덕이고 있으며 관료체제의 경직에 시달리고 있습니다. 우선 이런 기초적 문제들부터 차근히 해결해나가야 합니다. 아무리 생각해보아도 핵개발은 삶의 길이 아니라 죽음의 길입니다. 북한은 국제적 고립에서 우선 벗어나야 합니다.

언젠가 만나 못다한 얘기를 하고 싶습니다

마지막으로 손자병법의 한마디가 생각나는군요. 병자는 궤도로다.(兵者詭道也。) 능하면서도 능하지 못한 것처럼 보일 줄 알아야 하고, 부리면서도 부리지 못하는 것처럼 보일 줄 알아야 한다.(故能而示之不能, 用而示之不用。) 가까운 것을 멀리, 먼 것을 가깝게 보이게 할 줄 알아야 한다.(近而示之遠, 遠而示之近。) 이롭게 하여 유인하고, 어지럽게 하여 취하라.(利而誘之, 亂而取之。) 이 편지를 시작할 땐 많은 얘기를 할 수 있으리라 생각했는데 너무 지면이 협소해지고 말았습니다. 언젠가 만나 다 못한 이야기를 할 수 있었으면 좋겠군요. 안녕.

도올의 국가비젼

제 4 장 금강개성신유(金剛開城神遊)

이 장에 묶인 4편의 글, 「도올 관광론」(2003. 2. 14.), 「금강산초유기」 (2003. 1. 23.), 「개성공업지구 착공식에서, 정몽헌회장과 함께」 2003. 7. 1.), 「정몽헌회장 영결식 조사」(2003. 8. 8.)에는 내가 처음 만나서 저 먼 저승길로 보내기까지 아련한 추억을 간직해야만 했던 한 인물이 어른거리고 있다. 그 이름은 정몽헌! 나의 고교 3년 후배 인 그는 아산 정주영의 다섯째 아들이다. 금강산에서 그를 처음 만났 을 때 그의 소탈한 느낌, 흰눈 덮인 광막한 고성역사 앞에 긴 한 줄의 발자국을 남기면서 이동하는 북한 인민군부대의 행진모습을 그와 함 께 감회깊게 바라보았을 때의 그 느낌, 같이 밤새도록 금강산 천불의 기운을 안주삼아 블루의 술잔을 기울이며 너털웃음쳤던 그 추억, 분 명히 우리민족에겐 통일의 미래가 있다고 낙관했던 그 호언의 감회가 지금도 내 심상에선 지워질 수가 없다. 그리고 개성에서 기자로서 다 그쳤던 나의 질문에 "용서를 빕니다"하고 눈물을 떨구던 몽헌, 나 는 불과 한달 후 그의 조사를 읽어야 했다.

몽헌의 죽음은 그의 인간적인 나약함을 탓하기 전에 우리역사의 무지

155

가 빚어낸 비극이다. 그리고 이것은 이 땅의 정치를 이끌어가는 사람들에게 끊임없는 자성의 계기를 요구하는 비극이다. 우리 모두 이러한 비극으로부터 타자화될 수 없다. 문맥의 흐름을 잘 잡아 따라가면 2003년 일년 동안의 생동치는 현대사의 장면을 포착할 수 있을 것이다.

「금강산초유기」는 북녘을 처음 밟은 나의 감회가 서려있고 「조사」는 풍납동 아산병원 영결식장에서 많은 사람의 심금을 울렸던 글이다. 울먹이는 거친 나의 목소리와 함께.

제1절 도올 관광론

- 새한국 미래산업으로서의 관광 -

한국관광공사 조홍규(趙洪奎) 사장은 정말 좋은 사람이다(13 ·
14 · 15대 국회의원). 솔직담백하기 그지없는 사람이다. 그는 내 글,
「北송금에 담긴 역사적 진실」(2003. 2. 10., 본서 제3장 제1절)을 읽
고 너무 감동하여 늑달같이 전화를 했다. 그 글이 너무 좋아 그것
을 한국관광공사에서 독립팜플렛으로 만들어 국민에게 배포해야
겠다는 것이었다. 우리나라 국가공사의 그러한 유연한 자세에 나
는 감명을 받았다. 그래서 나는 그 팜플렛 앞에 작은 「관광론」이
라는 글을 덧붙였다. 이 글을 쓴 날, 나는 정몽헌회장과 함께 최초
의 금강산 육로관광길을 떠났다. 한국관광공사(KNTO) 팜플렛은
2만부 이상이 배포되었다.

빛을 보자 !

관광(觀光)이란 무엇입니까? 빛(光)을 보는(觀) 것입니다. 빛
이란 무엇입니까? 그것은 우리의 삶의 비전이요 희망입니다.

그것은 우리 눈을 뜨게 만드는 힘이지요. 빛이란 단순히 우리 눈에 비치는 물리적 광경(光景)을 의미하는 것이 아닙니다. 그 광경이 실제로 우리에게 보이기 위해서는 의미가 있어야 합니다. 의미없는 광경은 우리 눈으로 볼 가치가 없습니다. 우리가 빠리의 루불박물관이나 런던의 대영박물관, 맨해튼의 메트로(Metropolitan Museum)나 모마(Moma)를 가서 본다든가, 세계 유적지를 찾아다니면서 본다든가 하는 것은 그것이 우리 삶에 의미를 주기 때문입니다. 왜 그런 골동품들이 우리에게 의미를 줄까요? 그것은 그 골동품들을 창조해낸 사람들의 삶의 의미가 담겨져있기 때문입니다.

관광의 궁극적 대상은 과거아닌 현재

21세기는 관광의 세기라 해도 과언이 아닙니다. 이미 세계경제의 10%이상을 관광이 차지하고 있습니다. 앞으로 그 비율은 점점 높아질 것입니다. 그런데 관광을 골동품을 보는 것으로 오해해서는 안됩니다. 골동품이 아닌, 인간의 손이 가지 않은 천연 그대로의 자연도 관광의 대상이 되며, 골동품이 아닌 현재 우리의 삶의 모습 그대로가 관광의 대상이 될 수도 있습니다. 연극이나 영화, 전시회, 온갖 이벤트성의 공연이 관광의 대

영국 스톤헨지, 2003. 9. 11. 촬영

상이 될 수 있습니다. 관광은 곧 문화의 체험입니다. 이 문화는 과거의 유물이 아니라 끊임없이 창조되고, 끊임없이 생성되는 우리 삶의 의미체계들입니다.

한국은 보이는 유물보다 보이지 않는 관광자원의 대국되어야

한국은 천연자원이 부족합니다. 에너지원이 그리 많지 않습니다. 그리고 돈이 특출나게 많거나 힘이 대단히 강한 나라도 아닙니다. 분명 세계 강대국의 반열에 끼는 나라가 아닙니다. 그럼 한국은 뭘 믿고 살아야 합니까? 한국이 믿고 살 것은 사람 밖에 없습니다. 사람을 왜 믿습니까? 그것은 사람에게는 문화를 창조할 수 있는 능력이 있기 때문입니다. 우리가 사람을 믿는다는 것은 사람의 가능성을 믿는 것입니다. 우리 조선민족은 온갖 가능성을 함장한 민족입니다. 일본사람처럼 정밀하지 않을지 모르지만 독창적인 예술성이 뛰어납니다. 중국사람처럼 대국적이지 않을지 모르지만 곤란을 극복할 수 있는 슬기와 박력이 있습니다. 서양사람들처럼 논리적이지 않을지 모르지만 정감이 풍부하고 의리가 있습니다. 우리 조선사람들은 예로부터 평화를 사랑하고 도덕을 지키려고 노력해왔습니다.

동북아 중심국가의 의미와 관광

한국은 새로운 정부의 출범과 더불어 동북아시아의 중심국가로서 도약하려고 노력하고 있습니다. 그런데 "중심국가"라는 말은 강국으로서 모든 주변국가를 지배하는 나라가 된다는 의미가 아닙니다. 중심국가란 모든 나라들이 우리나라를 통하여 공영의 조화를 이룩하고 평화를 교류할 수 있도록 만드는 발란싱(balancing), 즉 평형의 축이 된다는 의미입니다. 이 평형

도올의 국가비젼

의 축이 된다는 것은 21세기에 있어서는 물류와 정보교환의 센타가 된다는 것을 의미합니다. 그런데 이런 센타가 되려면 주변국가들을 선도할 수 있는 문화가 있어야 합니다. 아무리 한 나라에 물리적 인프라가 잘 구축되어 있더라도 그곳에 문화가 없으면 사람이 모여들지 않습니다. 사람이 모여들지 않는 곳에는 물류와 정보가 있을 수가 없습니다. 사람들을 모여들게 만드는 힘, 이것이 곧 관광(觀光)이라는 것입니다. 관광이란 사람들에게 빛을 던져주는 것입니다. 희망과 의미를 던져주는 것입니다. 사람들을 모이게 만드는 삶의 활력을 던져주는 것입니다. 우리나라가 동북아 중심국가로서 도약한다는 것의 가장 중심적 과제상황 중의 하나가 곧 우리나라가 진정한 관광대국이 되어야 한다는 것입니다.

남북통일도 관광자원 확대의 시각에서 해석

그런데 우리나라는 선조들의 골동품만 팔아먹으려고 하지 자신의 골동품을 만들어내는 사람이 너무도 적습니다. 선조들의 예지를 감상만 하지 내가 그렇게 되어야겠다고 실천하는 사람이 너무도 적습니다. 관광의 핵심은 무형의 가치에 있습니다. 무형의 가치는 항상 살아있는 나의 현존(現存)에서만 우러나오는 것입니다.

우리는 우리자신의 가능성이나 위대함에 대하여 너무도 무지합니다. 우리는 이미 세계문명의 전위에 서있으며, 정치적으로나 경제적으로나 군사적으로나 문화적으로 결코 고립될 수 없는 네트워크 속에 있습니다. 그런데 우리는 외롭게 고립되어 살던 시절의 안일한 타성이나 피동적 끌림의 삶에 아직도 젖어 있는지도 모릅니다.

남·북의 문제만 해도 결코 남과 북의 관계에서만 끝날 수 있는 문제가 아닙니다. 그것은 온 인류의 관심이며, 그래서 매우 어려운 과제입니다. 이 과제상황은 전체를 바라보는 눈이 있어야 풀립니다. 그런데 우리동포들은 애써 전체를 안보려고 노력하는 것 같습니다. 좁은 마음으로 미워만 하려고 하고 헐뜯기만 하려하고 시기질투 하려고만 합니다. 이러한 암투의 비극은 곧 주체의 상실을 의미할 뿐입니다. 우리들끼리의 싸움은 항상 강국에게 악용될 뿐입니다. 세계는 스스로 돕는 자를 돕습니다. 스스로를 파멸하는 자들을 돕지 않습니다. 도울래도 도울 수가 없겠지요.

관세음보살의 첫 글자도 관(觀)이며, 관광의 첫 글자도 관(觀)

입니다. "본다"고 하는 것은 우리 동양사람들에게는 매우 깊은 뜻을 지녀왔습니다. 이 세상의 고통스러운 소리(世音)도 볼 줄 알아야 하며, 또 그 봄을 통해서 우리는 자유로움을 획득해야 합니다(觀自在). 보면 볼수록 좁아지는 인간이 되지 말고, 보면 볼수록 무한히 마음이 넓어지는 인간이 되어야 합니다. 관광을 통해서 우리는 닫힌 마음을 열어야 합니다. 다양한 인간의 질서, 사회의 질서를 용인할 줄 알게되며, 내가 아는 세계만이 유일한 진리의 세계가 아니라고 하는 새로운 인식의 지평을 넓혀 가야 합니다. 한국을 위대한 관광의 나라로 만듭시다. 남의 나라를 제대로 관광할 줄 알고, 또 남의 나라 사람들이 이 나라에서 제대로 관광할 줄 알도록 만듭시다. 조국의 동포들이여! 인류에게 빛을 던져 줄 수 있는 사람들이 되시기 바랍니다.

최초의 금강산 육로관광을 떠나는 날

2003년 2월 14일 새벽 2시

낙송재(駱松齋)에서 도올 김용옥 쓰다

구룡폭포 가는 길, 2003. 1. 21.

도올의 국가비젼

제2절 금강산초유기(金剛山初遊記)

처녀나 총각이 신체의 첫경험을 특별하게 기억하듯이, 모든 신체의 첫경험은 특별한 추억 속에 간직된다. 그것은 그 상황이 아니면 반복되기 어려운 어떤 강렬한 느낌을 던져주기 때문이다. 금강산관광은 98년에 이미 시작되었지만, 내가 금강산을 가게 된 것은 역시 기자가 되고나서였다. 나는 금강산을 가서 너무도 많은 것을 배웠다. 그리고 엄청나게 많은 충격적 느낌을 받았다. 그 충격은 나에게는 매우 심미적인 것이었다. 이 글의 행간에는 그러한 나의 섬세한 느낌이 압축되어 있다. 나는 2003년 1월 20일 금강산으로 떠났고, 22일 밤 12시에나 돌아왔다. 그리고 이 글을 23일 아침 『문화일보』에 실었다. 한잠도 못자고 35매를 긁어댔던 것이다.

우리가 금강산을 천하제일명산이라 부르는 것은 단지 그 기암절벽의 초준한 기상때문에 그리 부르는 것만은 아니다. 단지 그 산세나 형상으로만 말한다면 설악을 비롯한 타산의 자연경관에도 얼마든지 수려한 자태를 찾아볼 수는 있다. 우리민족은 예로부터 산을 형상으로 파악한 것이 아니라, 그 형상뒤에 숨어있는 기의 생명력으로 파악했고 그 기운(氣韻)에 서린 영험한 힘을 신성시했던 것이다.

산은 하늘과 땅의 통로

환웅도 하강할 때 평지아닌 태백산정으로 내려왔다는 것은 우리민족이 산을 인간세의 뿌리로 생각했다는 것을 말해준다. 이 조선팔도에 빼어난 산들은 많이 있으나 그 모든 산들의 기운은 실로, 유라시아대륙의 치미는 기상이 광막한 태평양과 마주치면서 일만이천봉의 기기묘묘한 화강암봉으로 치솟아오른 금강으로 집결되어 있는 것이다. 금강은 한민족의 영산이며, 역사의 장이며, 사상과 정서의 갈피며 철학이다. 그 영기는 단순히 산의 영기가 아니라 민족의 영기로서 이미 우리 가슴속에 너울치고 있는 것이다.

한민족의 영산, 『화엄경』에 기록된 "법기(法起)보살의 산"

금강산이라는 말은 당나라때 실차난타(實叉難陀, 652~710)가

내가 처음 본 장전항. 멀리 현대아산이 쌓은 방파제와 해금강호텔이 보인다.
오른쪽이 천불산, 2003. 1. 20.

번역한 80권본 『화엄경』의 제45권, 「보살주처품」(菩薩住處品)
에 법기(法起)보살이 사는 해중(海中)의 아름다운 산으로 등장
한다. 신라는 삼국을 통일하면서 화엄사상으로 만법귀일(萬法
歸一)의 통일이념을 삼았고, 따라서 통일신라왕국이야말로 화
엄불국토라는 생각을 현실적으로 구현하려고 하였다. 그리하
여 우리나라 화엄종의 개창자인 의상(義湘)은 『화엄경』의 금강

개성 들판에서 자라고 있는 왕회장 황소

산을, 예로부터 진시황이 불노초를 구하려했던 봉래산으로 여겨져온 이 해동의 명산으로 비정했던 것이다. 이러한 민족대통일의 화장세계(華藏世界)의 구현체이며, 모든 부처와 보살이 기암의 자태로 우뚝 솟아 살고있는 이 금강산이야말로 오늘 우리 민족 남북통일의 21세기적 상징으로 다시 우리 가슴속에 피어오르고 있는 것이다.

육로 금강산관광의 길이 뚫린다는 것은 남북을 가로막고 있는 휴전선의 장벽이 무너지기 시작한다는 것을 상징한다. 육로가 개통되기 전에 52만명의 우리남한동포가 이미 족적을 남긴 해로를 통하여 한번 금강에 오르는 것도 체험의 바른 수순일 것이라는 생각이 들어 문득 장정에 오른 것이 2003년 1월 20일 새벽의 일이었다. 반 고호의 "별이 빛나는 밤"을 연상케 하는 한강의 새벽풍광의 서기를 가르며, 질주하는 버스로 속초항에 도착, 설봉호에 오르니 금강산 이산가족면회소 설치를 위한 남북적십자회담의 참석자들도 동승해 있었다. 나를 에워싼 현대 아산직원들의 무용담은 단지 하나의 기업의 역사로 간주해버리기에는, 너무도 절박했던 남북화합의 최초의 돌파구란 의미에서 민족사적 모험의 역사로 기억되어야 할 것이다.

현대아산 직원들의 피땀, 그 무용담

"아~ 왕회장님께서 소를 오백한마리 끌고 올라가셨던 98년 6월의 일입니다. 당장 9월 25일까지 배를 띄우라는 거예요. 장전항에는 큰 배가 정박할 시설이 아무것도 없는데 말예요. 3만톤짜리 배를 접안시키려니까 바닥이 너무 얕더라구요. 장전항 바다 바닥 전체를 1m이상 준설해서 낮추어야 하는 겁니다. 이 짓을 한 달 열흘만에 해냈어요. 그리고 도대체 어떻게 갑자기 부두를 만듭니까? 3만톤짜리 케이슨철제구조물을 날라다가 바다에 풍 빠

트러서 임시계류장을 만든겁니다. 그렇게해서 결국 98년 11월 18일 첫배가 떴지요. 그때 그 감격을 지금 누가 기억해주겠습니까? 그리고 일년만에 580m나 되는 방파제를 만들고, 3만톤짜리 크루저가 4대 동시에 접안할 수 있는 240m의 부두를 2개나 만들었어요. 그리고 금강산 올라가는 도로를 새로 닦았습니다."

이 무용담을 얘기하는 현대아산직원의 가슴에선 한숨이 푹푹 나온다.

"이 지역이 정주영회장님 고향 통천군 아산리(峨山里)에서 멀지 않은 곳이고, 당신 생애의 마지막 혈전이라는 각오가 있으셨기 때문에 우리도 목숨걸고 따라간 것이죠. 시련은 있어도 실패는 없다, 기업은 오로지 행동일 뿐이다라는 현대정신이 없었으면 오늘 이렇게 안락한 여행은 꿈도 못꾸실 거예요."

"서부진 화부득"(書不盡 畵不得)의 장엄한 세계

금강산에 대한 통일신라시대의 화엄사상적 의미부여는 조선조에 오면 쇠퇴해버린다. 단지 동금강, 서묘향, 남지리, 북백두, 중앙삼각의 5대중심 산악의 하나로서 제사를 받을 뿐이었다. 그러나 금강의 빼어난 자태는 결국 조선조 성리학이념이 이상적으로 구현된 천하제일의 명승으로 다시 탄생되고, 보다 주체적인 실경산수의 대상으로 승화되기 시작한다. 율곡의 금강산관유기인 『풍악행』(楓嶽行)을 비롯하여, 송강 정철의 『관동별곡』, 그리고 화성 겸재 정선(鄭敾, 1676~1759)의, 음적인 묵법(墨法)과 양적인 골기(骨氣)의 선묘(線描)가 어우러진 금강산 준법의 진경산수에서 그 절정에 오른다.

조선조의 역대왕들 중에서 금강산에 오른 유일한 왕이 단종애사의 장본인 세조다. 세조가 머문 온정리(溫井里) 행궁 자리에 현대아산이 지은 온정각과 온천장이 있다. 김정일 위원장이 직접 답방하여 찬탄을 아끼지 않았다는 온천장의 건물도 시원하게 자연친화적으로 잘 지어져 있었지만 무엇보다도 중탄산 나트륨과 라듐을 주성분으로 하는 온천수는 내가 경험한 조선의 온천으로서는 으뜸이었다. 피부속 깊이 파고드는 청량한 느낌과 금강산 정기서린 노천의 싱그러운 기운은 한없이 부드러운 미끌미끌한 피부의 감촉을 자아낸다. 나는 첫날 늘어지게 목욕을 하고 온정각에서 맛있는 검은깨죽의 진미를 흠향하고, 해금강호텔로 돌아왔을 때, 운좋게도 정몽헌회장님을 뵐 수가 있었다. 우리는 만나자마자 맥주를 마시며 마치 오래 사귄 친구처럼 막바로 깊은 대화로 빠져들어 갔다. 내가 만난 정몽헌은 너무도 소탈했고, 정직하고 겸허한 한 인간이었다. 그리고 흔히 만나는 기업리더들과는 달리, 자기 말을 일방적으로 던지는 것이 아니라 상대방이 나에게 무엇을 말하려는가 하는 그 진의를 매우 날카롭게 파악했다.

정몽헌과의 대화: 퍼주는 만큼 퍼온다

—고생이 많으시죠?

"고생이랄게 뭐 있겠습니까마는 현대아산이 힘쓰는 일은 한 기업의 이익을 위한 일이 아니라 남북교류의 인프라를 구축하는 거족적인 사업의 일환이라는 것을 좀 이해해주셨으면 합니다. 그것은 실상 돈만 들어가고 이문은 없는 일들입니다. 그런데 이렇게 버거운 사업들을 현대아산이 별다른 정부보조없이 해왔습니다."

—정부의 보다 적극적인 재정지원이 필요하다는 말씀입니까?

"그런 것을 직접적으로 말씀드린 것은 아닙니다. 단지 국민들의 이해와 격려와 성원이 필요하다는 것입니다. 저희 사업을 너무 목전의 정치적 이해관계의 맥락 속에서 귀속시켜 좌지우

도올의 국가비젼

지하는 일이 없었으면 하는 바램이지요. 왜냐하면 우리가 지금 북한을 돕는다고 하는 것은 단순히 일방적인 퍼주기가 아니라 반드시 먼 미래의 결실로서 우리에게 구체적 소득으로 되돌아 온다는 것이죠."

　─개성공단문제는 어떻게 되고 있습니까?

"2002년 11월 17일 개성공업지구법이 발표되면서 특구로 지정된 2천만평이 우리가 개발할 수 있게 되었습니다. 그중 850만평이 공업단지로 조성될 것이며, 기존의 도시는 530만평은 있는 그대로의 역사도시로 보존될 것이며 나머지 620만평이 신도로 개발될 것입니다. 그러니까 분당 정도의 신시가지가 생겨나는 것입니다. 이곳은 무관세·무사증의 지역이 되는 것이죠. 중국의 심천은 홍콩이 있기 때문에 성공할 수 있었습니다. 개성은 서울이 있기 때문에 성공할 수 있습니다. 서울에서 불과 60㎞밖에 되지 않습니다. 이러한 개성특구사업이 어떻게 현대만의 문제이겠습니까? 우리가 인프라를 구축하면 사업은 다양한 남한의 기업가들이 도와가며 서로 그 미래 모습을 만들어가야 하는 것입니다. 최초의 어려운 돌파구를 우리가 뚫고 있을 뿐입니다. 헐값의 공장부지, 저임금의 노동력, 고가치의 노동윤리가 확보된다면 그 이상 바랄 것이 어디 있겠습니까? 남한의 기술과 자본, 북한의 노동력의 결합이야말로 우리민족의 미래가 될 수밖에 없습니다."

인생은 비극이라해도, 예술은 희망과 기쁨을 주어야 합네다

다음날(21일) 나는 외금강의 구룡연 코스를 올랐다. 금강문을 지나 옥류동, 연주담, 비봉폭포, 구룡폭포의 장관에 대해서는 지면부족으로 안타까움게도 "금강일만이천봉이 눈 아니면 옥이로다… 아마도 서부진(書不盡) 화부득(畵不得)은 금강뿐인가 하노라."는 옛 시인 안민영(安玟英)의 말로 대신할 수밖에 없다. 구룡폭포까지 남측 조장의 안내로 가는 길목길목에, 북측사람들이 서있었다. 그들을 금강산유원지환경보호순찰원이라고 부른다. 나는 그들에게 말을 걸다 구찮을 일이 생길까봐 일부러 그냥 지나쳤는데, 이것저것 적다보니 하산할 때는 내가 제일 꽁무니에 있게 되었다. 봉황새가 양 날개를 파득치며 하늘에 옥류를 휘날리는 비봉(飛鳳)에 왔을 때, 말쑥하게 생긴 환경순찰원이 오히려 나에게 말을 거는 것이 아닌가?

"지나는 사람들에게서 선생님께서 남조선의 매우 명망이 높으신 철학자라 들었습네다. 그리고 칸느상을 받으신 임권택감독님의 영화대본도 쓰셨다고 들었습네다."

─철학자라면 황장엽 같은 분이 더 훌륭하지 않습니까?

"황장엽이요? 그 놈은 너절한 놈입네다. 한마디로 쓰레기지요. 쇠덩이에서 불순물이 빠지면 더욱 단단해질 뿐이지요. 저는 선생님의 고견을 듣고 싶습네다. 그런데 왜 남조선의 영화는 모두 비극으로 끝납네까?"

─인생은 비극적 요소가 없을 수 없습니다.

"인생이 비극이라 해도 예술이란 희망과 기쁨을 주어야 하는 것입네다. 남조선의 예술은 명료한 촛점이 없습네다. 무책임한 비극적 결말로써 인간을 타락시켜서야 어디 되겠습네까?"

주체의 높이만이 인간의 높이입네다

나는 이 유려한 순찰원의 언변에 놀라지 않을 수 없었다. 그는 남조선의 사정을 꽤 많이 알고 있었다.

―비극도 인간에게 명료한 가치를 준다는 것을 내가 지금 당신에게 설명할 수는 없습니다. 예술이 반드시 목적을 가져야만 하는 것은 아닙니다.

"선생님의 사상은 좀 퇴폐적인 면이 있습네다. 예술도 주체적 목적에 귀속되어야 하는 것입네다."

―당신들이 추구하는 주체를 나는 매우 존경합니다. 그러나 주체때문에 북한인민의 삶이 고통받고, 국제정치역학 속에서 풍전등화와 같은 위태로운 상황에 처한다면 그것은 바른 민족사의 길이 될 수 없습니다.

"선생님은 우리 조선인민민주주의공화국의 실상을 알고 하시는 말씀입네까?"

도올의 국가비젼

─북측에서 발간되는 책은 충분히 열독하고 있습니다. 70년대초반까지만 해도 북한의 학술과 예술이 남한의 학술수준을 뛰어 넘었습니다. 그러나 지금은 불행하게도 경제뿐만 아니라 사상·학술·예술, 문화전반에 있어서도 현저하게 뒤져있습니다. 그것은 주체의 빈곤입니다.

"남한의 경제는 해외의존적인 거품경제라 이겁네다. 그것은 인간이 살아가는 가치의 본질이 될 수 없습네다. 주체의 높이가 곧 인간의 높이라는 것을 아서야 합네다."

─그러나 인민의 생존의 기본 바닥은 있어야 합니다. 남한에는 모든 것이 거품이 심합니다. 그러나 삶의 바닥에는 풍요로운 기초가 있습니다.

"선생님은 주체가 뭔질 모르십네다. 인간은 굶어 죽어도 정정당당하게 사는 것을 원합니다. 우리는 미국놈들이 무섭지 않습네다. 설사 다 죽는 한이 있더라도 주체는 지킵네다."

─당신의 말은 참 훌륭합니다. 난 당신의 말대로 북한사람들이 끝까지 주체적으로 살아주기를 희망합니다. 단지 주체적으로 산다는 것이 당신의 말대로 쉽지만은 않다는 것을 기억해주시기 바랍니다.

그는 나를 한시간 가량이나 집요하게 따라왔다. 더 이상 내가 해줄 말이 없었다. 그리고 충심으로 그의 당당한 모습을 존경했다. 돈과 권력앞에 비굴한 인간의 모습이 아니었던 것이다.

모란봉교예단의 곡예는 협동과 타이밍의 예술

나는 이날 하산후 현대아산이 전용극장으로 지은 문화회관에서 평양모란봉교예단의 곡예를 감상했다. 그런데 나보고 곡예의 막이 오르기 전에 한 20분정도의 짧은 스피치를 부탁했다. 나는 즉석에서 제의를 수락하고 무대로 올라갔다. 나는 북핵의 위협에도 불구하고 관광을 온 동포들에게 존경의 념을 표했다. 정치위기의식이 고조될수록 우리는 의연하게 문제를 풀어가야 하는 것이다. 북핵은 정치인들의 노력으로 풀어가야겠지만 그동안에도 경제인들은 사업을 더 열심히 해야하고, 남북교류는 더 활발하게 이루어져야하며, 적십자교류도 더 적극적으로 풀어나가야만, 샘물같은 해결의 실마리가 생겨나게 되는 것이다. 그리고 우리의 미래는 동북아경제의 물류센타가 되는 것이며, 그 핵심적 과제상황은 남북교류일 수밖에 없다고 강조했다. 그리고 북한에 관한 모든 문제에 있어서 우리국민들의 열려있는 "큰마음" 그리고 멀리 내다보는 "원시각"을 당부했다. 그리고 북한은 우리민족의 미래요, 가능성이요, 희망이라 외쳤을 때 우뢰같은 박수가 터져나왔고, 연이어 교예단의 막이

올랐다. 숨막히는 "공중널그네비행"에서 세바퀴반 옆으로 돌아 서로 손목을 마주잡는 고난도의 기예에서 가냘픈 여인곡예사는 두번이나 떨어졌다. 세번째 드디어 성공했을 때 많은 남한의 관중들은 갈채와 함께 애처로운 눈물을 떨구었다.

신기에 가까운 모란봉교예단 몸의 예술

"다시 만나요" 가냘픈 북녀(北女) 노래에 가슴 저미어

다음 날 해금강으로 가는 길에서 북한인민들의 실생활상을 『닥터 지바고』의 대설원의 정경처럼 바라보았다. 웅장한 설산 밑의 뼈대만 남은 고성역사와 치수탑, 그 앞에 펼쳐지는 광막한 들판, 외로이 서있는 인민군 보초, 이중섭의 "집떠나는 가족"을 연상시키는 소달구지 행렬. 인공기를 앞세우고 박격포, 기관총을 메고 가는 한 부대의 행진,… 이 모든 광경이 하나의 판타지로서, 하나의 로맨스로서 나의 심상에 깊게 자리잡았다. 설봉호가 장전항을 떠날 때 북측세관건물에서는 "다시만나요"라는 노래가 흘러나왔다.

나는 시 한수를 읊었다.

何忘北地千佛山 하망북지천불산
金剛秀氣繞箭灣 금강수기요전만
彩霞毘盧疊疊垂 채하비로첩첩수
再見女唱別心憫 재견여창별심한

북녘의 저 천불을 내 어찌 잊으리오
금강의 빼어난 정기 장전항을 에워쌌고
채하봉 비로봉이 첩첩이 하늘에 드리웠네
다시 만나요 가냘픈 여인의 노래소리
떠나가는 내 마음을 저미는구나

구룡폭포, 2004. 8. 5. 촬영

제4장 금강개성신유

개성공업지구 건설 착공식
2003. 6. 30

도올의 국가비젼

제3절 개성공업지구 착공식에서, 정몽헌회장과 함께

- 개성공단은 북·남 시장경제의 시험대 -

나는 2003년 6월 30일 내 생애 처음으로 개성에 갔다. 개성공업지구 착공식에 참석하기 위해서였다. 역사에 견식이 있는 나로서는 개성을 구경한다는 것은 너무도 흥미있는 일이었다. 고려시대 성균관의 모습을 보는 감회는 남달랐다. 개성시내를 흐르는 개천(開川)은 아직도 오염이 되질 않았다. 그만큼 사람들의 삶의 모습도 오염되질 않았다는 것을 의미한다. 시내의 모습은 옛 읍내를 보는 느낌이었다. 개성은 너무도 가깝다. 하루종일 일을 보고도 당일로 널널하게 돌아올 수 있었다. 강북에서 강남가는 것보다, 오히려 개성갔다 오는 것이 시간도 더 안걸리고 기분도 더 한가로운 것 같다.

아태 부위원장 리종혁은 소설가 이기영선생(李箕永, 1895~1984)의 아들이다. 나는 금강산육로관광길에 만났고 이번에 두번째로 만났다. 그는 남한에서 만나는 어떤 보통사람들보다도 훨씬 더 세련되었고 자연스럽다. 말을 자유롭게 하며 유모어의 천재다.

그리고 외국어에 능통하다. 귀한 남·북소통채널이라고 생각한다. 대부분의 북한관료가 경직된 것에 비하면 그는 너무도 말랑말랑하다. 우리는 리종혁과 같은 큰 인물이 북한사회에서 큰 역할을 할 수 있도록 돕고 보호할 필요가 있다. 이 글은 다음날 2003년 7월 1일(화), 『문화일보』 제5면에 나갔다.

선죽교에서 죽은 정몽주라는 인물

정몽주(鄭夢周, 1337~1392)는 고려말의 정승으로서 기울어져가는 국운을 바로잡으려고 안깐힘을 썼다. 서울에 오부학당을 세우고 지방에는 향교를 두어 교육의 진흥을 꾀하는 한편, 기강을 정비하여 국체를 확립하고, 쓸데없이 채용된 관원을 도태시키고 청렴하고 물망있는 훌륭한 인재를 등용하며, 의창(義倉)을 세워 궁핍한 사람을 구제하고, 수참(水站)을 설치하여 조운(漕運)을 편리하게 하였다. 주자의 집주(集註)에 대한 그의 강설이 너무도 뛰어나 모두 그를 "동방 이학(理學)의 시조"라 불렀으나 그의 위대성은 이론보다는 실천에 있었다. 나라의 난국에 앞장서 뛰어들어 몸소 타개의 실마리를 만들었다. 그는 몸사리지 않고 일본·중국으로 다니면서 국난을 해결한 탁월한

도올의 국가비젼

행동가였다. 그리고 당대의 국제정세로 미루어볼 때 매우 진보적인 생각을 가지고 있었다. 배명친원(排明親元)의 외교방침을 반대하였던 것이다. 그러나 그가 같이 일한 이성계가 쿠데타를 일으켜 고려왕조를 쓰러뜨리려하자 그는 쿠데타에 가담하려한 이성계의 오른팔 조준을 제거하려 하였다. 이를 눈치챈 이방원은 이성계를 문병하고 돌아오는 정몽주를 그의 부하 조영규를 시켜 격살시킨다. 정몽주가 피살된 다리는 본래 선지교(善地橋)라 불렀는데 그 다리에 핏자국이 없어지지 않고 주위에 충절을 뜻하는 대나무가 계속 돋아 선죽교(善竹橋)라 개명하였던 것이다.

개성 선죽교

충신(忠臣)과 역신(逆臣)의 변증법

그의 원래 이름은 몽란(夢蘭)이었다. 어머니 이씨가 임신하였을 때 난초화분을 품에 안고 있다 떨어뜨리고 놀라 깬 태몽에서 유래된 것이다. 그가 성인이 되어 몽란을 몽주(夢周)로 바꾸었는데 그것은 아마도 『논어』「술이」(述而)편에 "久矣! 吾不復夢周公"(오래되었구나. 내가 다시 꿈속에서 주공을 뵙지 못한 것이!)라 한 공자의 탄식에서 비롯되었을 것이다. 정몽주는 선죽교에서 죽어가면서 같은 탄식을 뇌까리었을 것이다. "나를 죽이다니! 이 나라엔 역시 주공과 같은 인물이 없구나!" 정몽주는 새로 세운 조선왕조의 입장에서 본다면 분명 "반역도"이다. 그러나 그를 충절의 의인으로 높게 치켜 세운 것은 바로 그를 죽인 장본인 이방원이었다. 태종5년 정몽주는 "대광보국숭록대부영의정부사"(大匡輔國崇祿大夫領議政府事)로 추증되었던 것이다. 일단 새 정권이 안정된 후에는 바로 고려왕조에 충직했던 그 반역도의 절개가 무엇보다도 그리웠을 것이다. 이와 같이 인간의 역사에는 반역과 충의가 한몸에서 엇갈린다. 오늘의 충신(忠臣)이 내일의 역신(逆臣)이 되고, 오늘의 역신이 내일의 충신이 된다. 이러한 비운의 역사가 오늘날 우리 주변에도 계속 이어지고 있는 것이다. 내가 가본 선죽교에는 아직도 핏

자국이 물들어 있었고 그 옛 정취를 그대로 간직한 채 다리밑으로는 아직도 맑은 시냇물이 흐르고 있었다. 1780년 정몽주의 후손인 정호인이 이곳 유수로 부임하여 와서 충신의 절개서린 다리를 발로 밟고 다닐 수 없다고 하여 이곳에 난간을 설치하여 가로막고 옆에 돌다리를 따로 세웠다. 그래서 선죽교를 지나갈 수는 없게 되어있다. 생각보다 몹시 낮고 초라한 돌다리였다. 다리밑에 숨어있다가 지나가는 정몽주를 격살했다느니 하는 드라마는 꾸며지기 곤란한 그런 다리였다.

개성공단은 북한퍼주기가 아닌 우리경제 살리기

"개성고도 500만평, 그리고 공업단지 800만평, 신도시 700만평, 총 2천만평에 이르는 지역을 50년간 특별구역으로 이용할 수 있는 모든 권한을 우리에게 준 것입니다. 이 2천만평이 개발되는 8년후면 입주기업이 2,000업체, 장래인구가 45만명, 고용인구가 25만명, 연간 150억불의 매출이 보장될 것입니다."

남북화해의 꿈을 꾸준히 실현시켜온 정몽헌회장, 너무도 기뻐해야 할 이 순간이건만 그의 얼굴에는 시달린 세파의 그늘이 드리워 있었다.

"우리나라의 문제가 무엇입니까? 구체적으로 말하자면 노동 분쟁, 남북긴장 이 두 가지로 요약되지 않겠습니까? 우리가 금강산사업을 하고있는 5년동안 아무도 전쟁이 일어날 것이라는 생각은 하지 않았습니다. 과거 30년간의 외국인 투자액보다 이 5년동안의 투자액이 더 많습니다. 자꾸 남북경협을 이야기하면 남쪽사람들은 일방적인 퍼주기로 생각하는데, 그렇지 않습니다. 이것은 바로 우리의 문제를 우리가 주체적으로 해결하는 유일한 통로인 것입니다. 우리가 북측을 일방적으로 도와주는 것이 아니라 우리 또한 북측으로부터 엄청난 도움을 받을 수 있는 것입니다. 즉 우리자신의 문제를 타개하는 출로로서 호상적 보완의 협력을 하는 것이지요. 노동력이 사회보험료 30%를 포함해서 65불선입니다. 월기준임금이 50불밖에 되지 않습니다. 중국이나 베트남보다도 경쟁력있는 최저수준입니다. 그리고 기업소득세가 14%밖에 되지 않습니다. 우리나라가 28%, 홍콩이 16%, 심천이 15%인 것과 비교해서 최저수준이지요. 그리고 무엇보다도 이곳에는 사유지가 없기 때문에 매우 효율적인 플랜이 가능하다는 장점이 있지요. 남한에서는 공사비보다는 보상비가 어마어마하게 들지요."

도올의 국가비젼

선죽교에서 나와 열띤 토론을 벌였던 정몽헌회장. 2003. 6. 30.

개성공단, 산업공동화 방지, 물류중심, 평화구축

―그렇다고 우리나라에도 마산 · 창원 등 많은 공단이 비어있는 실정인데 과연 개성공단이 물리적 조건만을 갖춘다고 해서 생각대로 모든 것이 착착 진행될까요?

"88올림픽 이후 우리나라에서 중국으로 진출한 중소제조업 체가 8000여개나 됩니다. 일본도 64년 올림픽을 기점으로 플 랜트가 외국으로 빠져나갔고, 우리나라도 마찬가지였습니다.

그런데 이제는 중국도 2008년 올림픽을 기점으로 노동시장의 변화가 온다고 보고 있습니다. 따라서 우리나라의 기업들이 이제는 슬슬 중국을 떠날 차비를 차리고 있습니다. 중국내륙이나 캄보디아, 베트남으로 옮길 구상을 하고 있는 것이죠. 무엇 때문에 우리투자자들이 풍토, 습관, 언어가 다른 곳에서 그렇게 고생을 해야만 합니까? 컨테이너 한 박스에 인천에서 청도까지 600불, 부자재를 나르고 제품을 가져오고 하는데 왔다갔다 1200불이 소요되고 있습니다. 이런 물류사정은 점점 악화될 뿐이죠. 그러나 무엇보다도 중요한 것은 노동집약적인 가공업공장을 외국에 뺏기다 보면 결국 우리나라의 소재산업도 다 빼앗기고 만다는 것입니다. 결국 산업공동화가 근원적으로 발생하는 것이죠. 개성공단은 이러한 우리사회의 산업공동화를 막고, 조선반도내에 동북아 물류중심지를 만들며, 남북경제협력의 거점을 개발함으로써 한반도의 새로운 평화체계를 구축하고 궁극적으로 남북이 긴장관계를 벗어날 수 있는 첩경을 개발하는 것입니다. 우리동포를 도와줌으로써 우리가 도움을 받을 수 있다면 이보다 더 좋은 일이 어디 있겠습니까?"

도올의 국가비젼

경협은 핵문제와 별개, 타이밍이 중요

─물론 좋습니다. 그러나 이러한 일이 성공적으로 추진되기 위해서는 가장 중요한 문제는 역시 북핵문제의 선결이 아니겠습니까?

"그렇습니다. 이 점에 있어서 바로 우리나라 정부의 노력이 절실하다고 봅니다. 결국 북한이 핵무기를 개발해서 뭔 소득이 있겠습니까? 결국 그들이 원하는 것은 현 북한체제의 보장입니다. 그러나 선포기·선인정의 끝없는 술레잡기는 의미없는 말장난입니다. 결국은 핵포기와 동시에 체제인정이 이루어지는 합의가 이루어져야 한다는 것이죠. 그런데 이러한 문제해결방식에 있어서 미국내에 있어서도 국방부와 국무부의 견해가 차이가 있을 수 있습니다. 파월 국무장관은 절대 북한이 핵무기를 소유해서는 안된다는 입장입니다. 그것은 일본이나 남한이나 대만에게 핵무기를 독자적으로 개발할 수 있는 명분을 줄 뿐이며, 한반도의 긴장의 고조는 궁극적으로 아무에게도 실리를 가져오지 않는다는 합리적 사고가 뒷받침되어 있습니다. 그리고 누구보다도 중국의 지도부가 바로 이러한 입장을 적극 지원하고 있는 것이죠. 그러나 럼즈펠드 국방장관을 위시한 매파들은 오히려 북한이 핵무기를 소지하는 것을 용인하고 수출만

못하게 하여 한반도의 긴장을 고조시켜 그것을 빌미삼아 MD 를 구축하고 중국을 고립시키자는 것이죠. 우리는 파월과 중국 의 입장을 적극 지지하고 그 대책을 강구해야 합니다. 이 땅에 서 일어나는 모든 문제로부터 결국 가장 크게 피해를 볼 사람 은 우리 남한입니다. 따라서 남한을 도외시한 어떠한 협상도 있을 수 없다는 점을 분명히 해야 합니다. 결국 우리의 이러한 안일한 태도가 미국 매파만 도와주고 4조 9천억원의 국방비 증 가만 초래했습니다. 우리가 참여도 못하고 경제적 부담만 떠안 는 그런 바보짓은 더이상 해서는 안됩니다. 그리고 남북경협은 핵문제와는 별도로 진행되어야 하는 우리민족 공생의 당위입 니다. 핵문제가 해결되어야 경협이 이루어진다는 사고는 안일 무사주의적인 나태를 의미할 뿐입니다. 주변여건이 나쁠때 일 수록 오히려 우리는 긍정적 사고를 해야 합니다. 기회는 타이 밍입니다. 핵문제해결 운운하면서 기다리기만 한다면 우리에 게 유리한 모든 타이밍은 사라질 뿐이죠."

김정일 위원장은 자본주의 시스템에 긍정적

―북한당국은 남북경협사업을 정말 진지하고 성실한 열의를 가지고 추진 하려하고 있습니까?

"제가 김정일 위원장을 만났을 때 누가 새로 지정한 특구의 70∼80%가 논밭이므로, 공단부지로 되기 위해서는 지목변경을 해야할텐데 괜찮겠습니까하고 물으니까 금방 이렇게 대답하더군요. 개성공단 잘되서 쌀을 사먹으면 되지 하구요. 이것은 북한지도부의 개성공단에 대한 기대를 반영하는 중요한 언급입니다. 즉 자본주의 경제체제를 인민의 삶을 위하여 적극적으로 도입하겠다는 입장의 변화를 의미합니다. 그리고 북한의 지도부는 경제발전을 위해서는 사회주의체제가 매우 비효율적이며 인센티브가 부족하다는 것을 충분히 숙지하고 있습니다. 사회주의 병폐는 거저 놀고 먹으려는 사람이 너무 많다고 김위원장이 항상 말해요. 그리고 김위원장은 새로 개발되는 개성공단은 미국의 도시계획이나 자본주의적 시스템으로부터 배울 것이 있다면 서슴치 않고 배우겠다고 공언해요. 주체사상의 창의성도 좋으나 타인으로부터 좋은 것을 배우는 것을 주저해서는 안된다. 미국은 유럽의 장·단점을 이미 안 후에 개발한 시스템이므로 훌륭한 점이 많을 것이다라고 아주 미국에 대해서도 호의적으로 얘기해요. 아참! 그리고 이런말을 하더군요. 미국이 강국이 된 것은 결국 사람정책을 잘 썼기 때문이다. 여기 사람정책이란 이민정책을 말하는 것이죠. 외국이민들에게 동등한 대우를 했으며 그들이 미국땅에서 흘리는 땀에 대한 충분한 보상과 보람을 주었다. 그래서 예술가, 과학자, 스포츠맨이 몰려든 것이다. 그리고 또 말하더군요. 북한은 자본주의의 경험이 부족하다. 함부로 나서면 안된다. 남한기업가들에게 겸손하게 배워야 한다. 남한기업가들은 북한사람들에게 자본주의가 무엇인지 그 효율적인 첩경을 잘 지도해주어야 한다고 말예요."

개성공단 잘하면 경협바탕 남북군축

— 북한은 언제부터 왜 그렇게 시급한 의식을 갖게 되었을까요?

"김정일 위원장이 긴박한 위기의식을 느낀 것은 역시 2000년도에 상해를 방문했을 때 느꼈던 충격이 계기가 된 것 같습니다. 그리고 중국지도부사람들이, 심천이 홍콩이라는 대도시를 끼었기 때문에 발전한 것처럼, 특구가 성공하기 위해서는 무엇보다도 서울과 가까이 있어야 한다는 것을, 김위원장에게 귀뜸했던 것 같습니다. 저희 현대아산은 해주까지만 생각을 했어도 고려 500년의 수도 개성을 내어주리라고는 상상도 못했습니다. 결과적으로 최적의 특구가 확보된 셈이죠. 개성은 서울서 한시간밖에 안걸려요. 경기도 이천정도의 거리밖에는 안되요. 어떤 때는 서울 강북에서 강남 다녀오는 것보다 더 수월할 수도 있어요. 그것은 서울의 한 익스텐션에 불과한 셈이죠. 생각해보세요. 북한이 일년에 모자라는 쌀이 200~300만톤인데 이게 5억불정도에요. 그런데 개성공단에서 150억불의 생산까지 기대안해도 우선 50억불만 생산한다해도 식량문제는 간단히 해결되는 것이죠. 빌어먹지 않고 당당히 살 수 있는데 왜 그런 길을 택하지 않겠어요? 개성공단이 가동이 되면 이미 북한사회는 되돌이킬 수 없는 새로운 역사의 진로에 접어들게 되는 것입니다. 그렇게 되면 북한의 정치·경제·사회·문화 모든 면에서 국제사회의 일원으로서의 변화를 겪지 않을 수 없게 됩니다. 그것이야말로 우리나라가 군비를 축소하고 보다 효율적으로 새로운 경제적 도약의 계기를 마련하는 발판이 되는 것입니다. 개성공단은 우리민족의 평화의 상징입니다."

북한 사람들은 약속한 말은 꼭 지킵니다

─그런데 이런 말이 있어요. 정회장 당신은 바보같은 장사만 하고 있다. 장사꾼이 당장 돈벌리는 일은 않고 의리믿고 투자만 하고 있다. 그러다 망하면 어떡헐꺼냐?

"글쎄요. 저는 본시 바보같은 사람인가봐요. 그러나 이 세상에 의리처럼 중요한 것이 어디 있겠습니까? 장사는 결국 신용입니다. 북한과의 관계에서 내가 북한을 믿고 거래를 시작했다고 한다면 나는 신용을 끝까지 지켜야하고 북한 또한 끝까지 신용을 지켜야 합니다. 그런데 우리 남한사람들은 북한사람들을 너무 이해못해요. 북한사람들은 자기가 한 말은 꼭 지킵니다. 그들은 신용을 생명처럼 중요하게 생각해요. 닳아빠진 사람들이 아니에요. 나는 바보같이 의리믿고 장사를 할 겁니다. 저는 결국 장사꾼입니다. 1년에 버느냐, 2년에 버느냐, 10년에 버느냐? 결국 이런 문제일 뿐이죠. 우리 아버지는 미포만 항공 흑백사진 하나만 달랑들고 영국 버클리은행에 가서 대출받는데 성공했고 결국 미포만 현대중공업의 신화를 일으켰어요. 당시로서는 너무도 황당한 이야기였죠. 지금 저의 스토리는 그것보다는 훨씬 덜 황당해요. 더 구체적인 비젼이 있어요. 그리고 무엇보다도 민족공영의 길이라는 사명감이 끊임없이 솟구쳐요. 저는 저의 사업으로부터 이러한 사명감을 얻을 수 있다는 그것 하나만으로도 너무도 행복합니다. 우리 아버지도 비젼의 사나이였어요. 아들인 내가 새로운 비젼이 없이 어떻게 새역사의 길을 열 수 있겠습니까?"

도올의 국가비젼

아태부위원장 리종혁은 말했다: "도올선생은 만날 때마다 젊어져요. 이왕 착 공했으니까 남·북이 딴 생각말고 빨리 빨리 협조해야지요."

새로운 비젼없이 어떻게 새역사의 길을?

이때 그의 눈에는 눈물이 글썽거렸다. 사실 나는 이날 그에게 매우 집요하게 "150억원"에 관한 질문공세를 폈다. 그는 끝까지 고개를 떨구며 묵묵부답이었다. 나는 기자로서 공개할만한 어떤 신통한 멧세지도 그로부터 얻어내지 못했다. 나 도올은 이제 정말 기자로서 부적합한 인물인가보다. 솔직히 말해서 정회장 그 인간에 대한 사랑과 연민의 정이 앞섰기 때문이었다. 그의 어색하고 비통한 침묵과 미소는 나에게 이런 이야기를 웅변해 주고 있었던 것 같았다: "모든 것을 합리적 절차에 따라 투명하게만 할 수 있었더라면 얼마나 좋았겠습니까? 국민 여러분께 심려끼쳐드린 것 정말 죄송합니다. 앞으로는 보다 신중하고, 절차에 따라, 그리고 투명하게 일하겠습니다. 과거의 잘못에 대한 지나친 집념으로 우리를 자해하고 민족역사의 기회를 유실하는 일은 없었으면 좋겠습니다. 용서를 빕니다."

도올의 국가비젼

개성 송악

2004. 8. 8.

제4절 정몽헌회장 영결식 조사

- 당신의 스러지는 꿈, 우리가 일구겠습니다 -

2003년 8월 4일(월) 새벽, 나는 계동 현대사옥으로 제일 먼저 달려간 사람 중의 하나였다. 그와 같이 앉아 담론을 나눈 적이 있었던 12층 사무실, 북쪽 창문이 빼꼼 열려있었고, 북쪽 화단의 소나무 가지가 찢겨있었다. 화단 위에 누워있는 시신에는 흰 천이 덮여있었는데 구두신은 왼발이 애처롭게 삐져나와 있었다. 더 이상 돌이킬 수 없는 길을 가버린 후였다. 시신을 부둥켜안고 울고 싶었지만 이미 그는 나와 더불어 이 땅의 숨을 같이 쉴 수 없었다. 아산 사장 김윤규는 내 손을 붙잡고 울면서 "당신이 검찰의 취조를 너무 버겁게 느끼셨다"고 했다. 그 길로 나는 신문사로 달려가 "天喪予! 하늘이 날 버리셨도다!" 하는 제목의 기사를 썼고, 다음과 같은 시를 썼다: "정몽헌(1949~2003) 여기 조선땅의 숨결이 맥동치는 곳 금강에 고이 잠든다. 아버지 아산 정주영의 유훈을 이어 세계사의 모든 갈등을 한몸에 불사르며 남북화해의 새로운 마당을 열었다. 그의 혼과 백 영원히 하나된 민족의 동산에서 춤추리. 이천삼년 팔월사일 도올 짓고쓰다." 이 시는 곧바로 거대한 자연석에 옮겨졌고 2003년 8월 11일 온정각 비로봉이 보이는 명당 아래 세워졌다. 지금도 나의 글씨가 온정리를 찾는 동포들 손길의 사랑을 받고 있다. 금강산에 시비가 선 것은 김일성부자에 관한 것 외로는 내가 쓴 것이 최초라 했다.

21세기를 향한 처절한 몸부림

하늘이 무너지고 땅이 꺼집니다. 눈물의 장막이 앞을 가리우고 애통의 탄성이 골골마다 메아리칩니다. 우리는 지금 이 순간 설 자리를 잃어버렸습니다. 우리는 지금 이 순간 한민족의 큰 기둥을 잃어버렸습니다. 우리는 지금 이 순간 한 실존의 꿈을 잃어버렸습니다.

저는 지금 이 자리에 우인(友人)의 대표로서 섰습니다. 우인이란 그를 사랑하는 모든 사람입니다. 그를 사모하는 유가족, 그와 직간접으로 삶의 시간을 나누었던 친지들, 그리고 그의 비보를 듣고 애절한 심정에 사로잡힌 온 국민들, 저는 그들의 비탄을 가슴에 새기며 이 자리에 섰습니다.

저 도올은 참으로 부끄러운 이야기이지만, 이 세상에 태어나서 "슬픔"이라는 것을 처음 느껴보았습니다. 그토록 평탄한 인생을 살았다는 것을 고백하는 말이 될지는 모르겠으나, 소인(小人)의 슬픔은 저에게 결코 슬픔이 될 수 없는 애잔한 추억일 뿐이라는 것을 오히려 말씀드리고 싶군요. 정몽헌은 하나의 추억이 아닙니다. 정몽헌은 대인(大人)의 슬픔이요, 대인의 꿈이었습니다.

정몽주와 정몽헌, 똑같은 꿈의 인간들

여말충신 정몽주(鄭夢周)는 이상국가였던 주(周)나라를 꿈꾸며(夢) 살았습니다. 대한민국의 기업인 정몽헌(鄭夢憲)은 분단의 쓰라린 현실 속에서 통일된 헌정(憲)의 새로운 나라, 새로운 질서를 꿈꾸며(夢) 살았습니다. 정몽주는 개성 선죽교 위에서 스러졌고 정몽헌은 한양 계동사옥에서 명을 다했습니다. 이 두 사람이 모두 몽(夢), 꿈때문에 우리 조선역사에 희생의 족적을 남겼습니다.

과연 우리는 설 자리를 잃어버린 것일까요? 기둥을 잃어버리고만 것일까요? 꿈은 사라지고 만 것일까요? 저는 지금 우인으로서 꿈의 상실을 개탄키 위하여 애도사를 낭독하고 있는 것은 아닙니다. 정몽헌의 죽음은 결코 개인의 좌절이 아니며, 우리 역사의 좌절이 아니라는 것을 선포하기 위하여 이 자리에 선 것입니다. 지금 우리는 이 순간 우리가 서 있는 자리를 다져야 하고, 쓰러지는 기둥을 다시 세워야 하고, 스러지는 꿈을 다시 일궈야 하는 것입니다. 정몽헌은 결코 좌절했기 때문에 죽은 것이 아닙니다. 20세기 분단조국의 역사, 그리고 세계사의 모든 갈등과 모순을 한 몸에 불사르며 그 꿈을 우리 가슴에 새롭게 심어주기 위해 그는 그의 몸을 던질 수밖에 없었던 것입니다. 그만큼 우리 구시대의 반목과 적대, 몰지각과 몰이해의 골이 깊었던 것입니다. 정몽헌은 20세기의 갈등과 모순을 한 몸에 구현하며, 21세기의 화해와 희망을 실현하기 위하여 몸부림 쳤습니다. 그러나 그는 21세기의 화해와 희망의 실현이 20세기의 갈등과 모순에 대한 희생의 댓가가 없이는 이루어질 수 없다는 것을 처절하게 체험하였던 것입니다. 그의 죽음은 우리역사의 현실입니다.

20세기의 갈등과 모순, 21세기의 화해와 희망

그가 최후로 남긴 유서들을 보십시오! 그 많은 한을 한 가슴에 끌어안고 스러지면서도 단 한마디의 원망의 언사조차 비치지 않았습니다. 심각한 개탄의 외침도 없었습니다. 그는 너무도 순결했고, 너무도 아름다웠습니다. 그는 그의 죽음을 역사의 단절로 파악치 않았습니다. 우리민족의 역사는 비록 몰지각 속에 난항을 거듭하고 있을지라도 꾸준히 바른 길을 향해 나아가고 있다고 확신했습니다. 그는 그를 괴롭혔던 모든 사람들을 미워하지 않았습니다. 대인의 관조속에 그 모든 적대의 몸부림을 슬프게 바라보았을 뿐입니다. 지금 우리는 무엇을 해야 할까요? 그의 우인인 우리들은 그의 죽음을 슬퍼하며 앉아 있기만 할 것입니까?

지금 우리가 해야 할 일은 그의 죽음에 대한 애도가 아닙니다. 그의 죽음의 의미를 사회적으로 실천하는 과제를 찾아야 하는 것입니다. 우리의 역사가 결코 단절되거나 후퇴될 수 없다는 것을 만방에 선포하는 일만 우리에게 남았습니다. 그의 대한 애도는 곧 우리 한민족역사의 연속이며 발전이며 도약이 되어야 하는 것입니다.

정몽헌이 길을 턴 남북경제소통, 민족자결의 원칙

정몽헌은 그의 아버지 정주영의 뜻을 받들어 대북경협사업의 새로운 마당을 열었습니다. 해금강 남단으로부터 원산에 이르는 100㎞의 해안지대에 6억평의 땅을 50년간 사용할 수 있는 권리를 확보하고 그중 고성군 온정리 2천만평을 평화로운 세

205

제4장 금강개성신유

계적 관광촌으로 개발하는 초석을 이미 다 닦았으며, 유서깊은 우리민족의 고도 개성을 포함하는 2천만평의 개성공단을 이미 착공하여 막혔던 길이 뚫리고 끊겼던 철도가 연결되고 있습니다. 그리고 철도, 통신, 전기, 댐공사, 이동통신, 수자원, 비행장, 공단, 기타경협의 7대사업권을 획득하여 빼앗긴 정치·군사주도권을 대체할 수 있는 자주적 경제소통채널을 확보하였습니다. 이 모든 어마어마한 사업권은 결코 한 회사의 문제가 아니라 우리민족 전체가 합심하여 풀어나아가야 할 과제상황이며, 우리를 항상 호시탐탐하는 주변열강에게 양보할 수 없는 민족자결의 원칙입니다. 그리고 이러한 사업의 성패가 사업외적 요소, 즉 북핵문제를 포함한 정치·군사의 국제역학관계에 매달려있다는 냉혹한 현실도 우리 모두가 인지하고 있는 절박한 상황입니다. 그러나 미국이라는 우방은 결코 폐쇄된 독단의 정치공간이 아닙니다. 민주와 자유의 수호자로서 개방된 전통을 이어갈 수밖에 없는 복합적 공동체인 것입니다. 그들은 이제 한반도의 문제를 다자회담을 통하여 평화적으로 해결하려고 노력하고 있으며, 중국과 일본도 우호적인 자세를 보이고 있습니다. 무엇보다도 북한이 경제적 협력에 있어서나 정치적 문제에 있어서 매우 적극적인 해결의지를 보이고 있다는 것입

도올의 국가비젼

니다.

현대아산의 헌신적 노력, 국민도 공인할 것

이렇게 모든 상황이 호전되어가고 있는 상황에서 정몽헌의 죽음은 뜻밖의 사건으로 다가오지만, 결코 좌절과 충격의 신호로 받아들여질 수 없으며, 오히려 적극적 해결의 실마리로서 국민전체가 새로운 컨센서스를 일으킬 수 있는 기회로 삼아야 한다는 것입니다. 이러한 해결의 실마리의 주체는 그의 유언대로 변함없이 현대아산이 되어야 한다는 것입니다.

현대아산은 민족공영의 장

현대아산이 "빈털털이"가 된 듯이 보이지만, 그동안 북녘땅에 투자한 1조 5천억원 상당의 가치는 모두 살아있는 현대아산의 자본금이며, 그것을 활성화시킬 수 있는 금강산 관광지원금 등 약간의 분위기만 조성된다면 자생력이 넘치는 수익사업의 주체로 변모하게 될 것입니다. 그러나 이러한 변신을 위하여 우리는 이러한 사업에 헌신하며 눈물겨운 애착을 느끼며 살아온 사람들의 집단을 존중하고 그들이 끝까지 소기한 바의 목적을 성취할 수 있도록 도와주어야 합니다. 김윤규사장을 중심으로 뭉친 현대아산의 대북사업의 주체성을 국민 모두가 공인하는 길만이 북한으로 하여금 흔들리지 않고 남북경협의 평화의 장으로 걸어나오게 만드는 첩경이며, 우리민족사의 좌절을 막는 유일한 활로입니다.

특검을 통하여 국민모두가 알고 싶었던 많은 일들이 공개되었으며, 이제 어느 누구도 비밀스럽게 대사(大事)를 진행해서는 안된다는 역사의 교훈을 얻었습니다. 대통령은 대통령 나름대로, 국회의원들은 국회의원 나름대로, 검찰은 검찰 나름대로 최선을 다했습니다. 그리고 말하기 거북했던 모든 상처를 가슴에 안은 채 정몽헌은 죽음으로서 그가 할 수 있는 최선을 다했습니다.

국민여러분 ! 얼마나 더 많은 희생양의 피를 원하십니까?

국민여러분! 이제 지금 도대체 무얼 더 바라십니까? 더 많은 비리를 폭로하고, 더 많은 희생양의 피를 원하십니까? 정치라는게 도대체 무엇입니까? 우리사회의 갈등을 치유하고 통합을 이끌어낼 수 없다면 어찌 그것을 정치라 말할 수 있겠습니까? 국민여러분! 우리 역사는 제 갈길을 가고 있습니다. 밝은 미래에 대한 보다 깊은 확신을 가집시다. 불신과 비양과 알목의 부정을 탈피하고 이해와 협조와 소신의 긍정을 지향합시다. 북핵을 포함한 남북정치의 제문제의 해법은 오로지 경협에 있을 뿐이라는 정몽헌의 신념을 우리민족 전체의 신념으로 승화시킵시다. 그러기 위해서는 우리가 현대아산의 사업이 차질이 없이 진행되도록 도와야 한다는 것을 간곡히 말씀드리고 싶습니다.

이것은 저 도올의 개인적 판단이 아니라, 이 중대한 역사의 길목에서 자칫 잘못하면 다 성사되어가고 있는 국가의 대사들이 하찮은 오판으로 그르치게 될 수도 있다는 우려를 포함하는 대다수의 중론을 대변하는 것입니다. 현대아산은 하나의 사기업이 아니라, 국가대계를 실천하는 역사의 전초로서, 누구도 대신할 수 없는 "일의 마당"일 뿐이라는 사실을 다시 한번 확인합니다. 이 마당에는 대기업, 중소기업, 누구든지 참여할 수 있습니다. 이러한 확인만이 지금 이 순간 정몽헌 혼령의 외침을 우리가 바로 듣는 것이며, 두번 다시 그를 죽이지 않는 길이며, 진정한 애도와 추모의 길이라는 것을 국민여러분께 말씀드립니다.

인생은 본시 하나의 비극! 잘 가거라! 몽헌!

정몽헌 그대! 인생은 본시 하나의 비극이려니, 건곤(乾坤)의

희장(戱場)의 한 티끌이 되어 훨훨 날아가거라 ! 그대의 혼은
저 푸른 하늘로 흩어지고 그대의 백은 저 누른 땅으로 스며들
어 우리 가슴에 양심의 소리로 영원히 너울치리. 잘 가거라 !
몽헌 !

도올의 국가비젼

제5장 새만금구상과 황해문화권

한국의 국가비젼을 이야기할 때 새만금문제는 결코 빼어놓을 수 없는 주제다. 새만금은 결코 한반도만의 문제가 아닌 글로발한 환경문제의 일환이며, 단순한 정치적 잇슈가 아닌 우리민족 미래의 삶의 전폭적 자세를 결정하는 근원적인 철학의 문제인 것이다. 그만큼 중요하기 때문에 신중한 자세를 요구하는 문제임에도 불구하고 대부분 정치적 이권의 향배에 따라 여론조작의 형태로 매몰되거나, 특히 전북도민에게 정당한 정보를 제공하지 않는 성향이 있다.

환경문제는 경제의 논리만을 앞세우거나, 단기적인 이득으로 결단해 버리거나, 정치적 득표의 수단으로 활용해서는 아니되는 구원한 국가 미래에 관련되는 것이기 때문에 다수결의 원칙에 의해서만 선·악을 논할 수 없다. 많은 주민이 원한다고 해서 그린벨트를 손쉽게 해제하거나, 경제적 효율성 때문에 길을 쉽게 내버리거나, 철도의 간편성 때문에 함부로 영험한 산천을 관통해버리거나 하면 되돌이킬 수 없는 과오를 범하게 되는 것이다. 문명 자체의 파괴는 건설이 쉽지만, 자연의 파괴는 재건이 불가능할 때가 많다. 돌멩이 하나도 자연이 만들 때는 수억년이 걸리는데 인간이 파괴할 때는 하루도 안걸린다. 그것은 영원히 재생산되지 않는 것이다. 따라서 환경문제에 관해서는 우리가 매우 보수적이고 원칙적인 입장을 지킬 필요가 있다. 보수적인 입장이란 매우 간단한 것이다: "자연은 자연에 맡겨야 한다"는 것이다. 자연(自然)이란 스스로(自) 그러한 것(然)이다. 자연은 스스로 그러한 대로 두어야 한다. 새만금의 갯벌은 수억년을 통하여 스스로 그러하게 형성된 것이다. 그것을 함부로 인위적 목적을 위하여 조작해서는 아니 되는 것이다. 당면한 이득은 오히려 구원한 재해가 될 수 있으며, 당장의 손해라도 멀게 보면 큰 자산이 될 수 있다. 자연이라는 자산에 대해서는 우리가 쉽사리 자본주의적 논리를 적용해서는 안된다. 서구적 진보나 사회개혁을 운운하는 대부분의 사람들이 환경의식이 박약할 때가 많다. 칼 맑스에게 환경의식이 없기 때문이다. 현 정권에 대해서도 나는 보다 철두철미한 환경의식을 요청한다.

제1절 새만금 리포트

- "새만금 개발" 이제라도 멈춰라 -

2003년 1월 27일(월) 『문화일보』 제1·8면에 실렸든 이 글은 노대통령이 취임하기 전에 그에게 환경의식을 고취하기 위하여 사계의 전문가들을 불러 확실하고도 구체적인 정보를 교환하는 자리를 만든 결과로 얻은 문장이다. 이 글만 잘 읽어보아도 왜 새만금 농토조성이 잘못된 일인지 그 충분한 이유를 알 수 있을 것이다. 새만금 문제의 바른 인식은 결코 전북도민에게 불리한 결과를 가져오지 않는다. 얼마든지 친환경적이면서도 경제적 이득을 배가시킬 수 있는 대안이 있다. 단지 낮은 단계의 인식구조나 이권집단의 관성 때문에 정보를 조작하는 것은 매우 유감스러운 일이다. 새만금은 그 출발부터가 농업기반공사의 조직이기(利己)가 빚어낸 비극이었다. 노대통령은 이 문제에 관하여 확고한 입장을 보류했으며, 나의 토론마당에 참여한 수경스님과 문규현신부님은 고통스러운 삼보일배의 행진을 해야만 했다. 나도 중장비 드나드는 새만금제방에 못박고 드러누울 마음준비를 하고 있었다. 갯벌은 반드시 살려야 한다!

좌로부터 도올, 수경, 최열, 임옥상, 전승수. 2003. 1. 25. 도올서원에서

도올의 국가비젼

20세기 물리학패러다임, 21세기 생물학 패러다임

20세기를 물리학패러다임의 시대라고 한다면 21세기는 생물학패러다임의 시대라고 말하여진다. 물리학의 최근 추세도 생명현상을 어떻게 물리학적 언어로써 설명하느냐에 전위적 관심이 쏠려있다. 그렇다면 물리학은 뭐고, 생물학은 무엇인가? 물리학은 우리를 둘러싼 세계를 수량적으로(quantitatively) 계측하고 설명한다. 그런데 생물학이 다루는 세계는 그러한 양적 계산이나 법칙으로 다 설명될 수가 없다. 물리학은 우리를 둘러싸고 있는 물리적 환경을 지배하는 법칙을 객관적으로 설명하는데 만족하지만, 생물학은 물리적 환경을 생명의 삶이 이루어지는 장(場)으로서 탐구한다. 생물학이 다루는 우주는 죽은 물리적 체계가 아니라, 살아 숨쉬는 생명적 우주다. 물리학에서는 실체 그 자체의 궁극적 규명이 중요하지만 생물학에서는 모든 실체간의 관계를 더 중시한다. 생물학적 우주는 관계된 우주이며, 따라서 모든 존재는 유기적 관계의 그물을 떠날 수 없다. 이것을 우리는 유기체적 우주(Organic Universe)라고 부른다. 이것을 우리 화엄사상에서는 "일즉일체(一卽一體) 일체즉일(一體卽一)"이라 불렀다.

진보 對 평형, 개발 對 건강

물리학적 · 수량적 세계관에 있어서는 모든 역사가 직선적 진보(linear progress)로 이해되기 쉽다. 그러나 생물학적 세계관은 역사를 순환적 평형(circular equilibrium)으로 이해한다. 따라서 인류의 20세기는 개발, 진보, 발전을 중시했다. 그러나 21세기는 개발보다는 생명의 건강을, 진보보다는 주변과의 조화를, 발전보다는 화해로운 내실을 중시한다. 박정희의 "잘 살아보세"라는 구호는 물리학적 진보사관의 대표적인 사례이다. 그러나 이러한 물리적 팽창주의의 한계는 이제 너무 명백하다.

21세기의 노무현시대는 그러한 진보사관에서 벗어나 생물학적 패러다임의 평형사관을 구현해야 하는 것이다. 그런데 이러한 생명적 환경에 대한 노무현정권의 의식이 매우 박약한 수준에 머물고 있지 않느냐는 우려가 여기저기서 제기되고 있다. 나는 결코 퇴보를 주장하지 않는다. 생명적 환경에 대한 우려때문에 경제적 실리를 포기해야 한다는 것을 말하지 않는다. 이제 성숙한 대한민국은 인간과 모든 우주생명체의 삶에 대한 깊은 이해와 배려를 경제적 실리와 매치시킬 수 있는 격조높은 문명의 단계에 와 있다는 것을 과시해야 한다는 것이다. 경제

도올의 국가비젼

적 실리는 눈에 보이는 물리적 소득뿐 아니라, 눈에 보이지 않는 가치적 측면이나, 시간이라는 함수를 고려한 원대한 결과까지를 포섭해야 한다는 것이다. 오늘에 눈이 멀어 내일을 보지 못한다면 그것을 어찌 경제적 실리라 말할 수 있으리오?

뻘은 생명의 출발점, 바다와 육지의 완충고리

생물학적 패러다임의 원초적 출발점은 바다이다. 왜냐하면 생명은 바다에서 태어났기 때문이다. 그런데 생명은 바다에서 육지로 진화되어 갔다. 삶의 영역을 넓히기 위한 당연한 선택이었을 것이다.

그런데 바다와 육지의 사이에는 "뻘"이라고 하는 완충지대가 있다. 뻘은 깊은 바다보다 여러면에서 생명환경의 제약조건이 많다. 온갖 바다의 생명체들은 바로 이 뻘이라고 하는 열악한 조건에서 매우 복잡한 생존의 매카니즘을 개발시켰을 뿐 아니라 그에 걸맞는 정교한 기관들을 진화시켰다. 그리고 육지로의 진출을 서서히 시도한 것이다. 그리고 오늘 영장류의 인간에까지 진화되어 온 것이다. 따라서 이 뻘에는 우리가 상상할 수도 없는 수많은, 생존력이 강한 생명체의 생성고리(ecochain)가 이루어지고 있다. 뻘은 생명의 근원이며 보고이며, 모든 순환이 집약된 하나의 소우주(microcosmos)이다. 그것은 태극(太極)의 시작이다.

강하구(estuary) 뻘은 우주생명의 자궁, 콩팥, 간

그런데 이 뻘 중에서도 특히 소중한 곳은 육지의 강이 흘러들어오는 하구에 위치한 뻘이다. 이 강하구(estuary)의 뻘은 육지의 모든 영양염이 유입되는 곳이며, 이 영양염과 햇빛을 이용하여 바다의 최초의 생물은 광합성(photosynthesis)을 성취하게 되는 것이다. 우리는 바다가 건성 짠 것으로 오해하고 있다. 그러나 바다의 모든 퇴적물은 육지에서 흘러들어간 것이다. 바다의 모든 성분은 수십억년 동안 육지의 광물질, 퇴적물에서 흘러들어간 것이다. 바다를 살찌우는 곳이 바로 강하구의 뻘이다. 강하구는 바다의 자궁이요, 콩팥이요, 간이다. 모든 생명이 태어나기에 자궁이요, 모든 오염의 여과가 일어나기에 콩팥이요, 모든 효소의 화학변화가 이루어지기에 간이다. 이 강하구를 막는다는 것은 대지라는 어머니의 똥구멍을 막는 것과도 같다. 그 어머니는 똥독으로 곧 죽는다.

만경강과 동진강의 합류지점, 지구상 가장 위대한 뻘

새만금이란 만경평야와 김제평야를 합친 만금(萬金)지역에 대해, 간척사업으로 생겨나는 약 1억2천6백만평의 새로 생겨나는 지역을 일컫는 말이다. 호남평야의 중심부를 가로지르는 만경강과 동학혁명의 진원지 고부를 거쳐 호남평야 남부를 훑어 내려오는 동진강, 이 두 강이 만나는 천혜의 강하구갯벌로서 경사각이 1°밖에 되지않는 이 지구상에서 유례를 보기 힘든 위대한 뻘이다.

자연경계개간아닌 폐간, 간척아닌 간폐

간척사업? 거 좋다 ! 국토가 늘어나고 농토가 늘어나니까. 그런데 새만금사업은 엄밀한 의미에서 간척이라 이름할 수 없는 것이다. 역사적으로 우리나라의 호남평야의 대부분의 농토가 삼국시대로부터 꾸준히 간척사업을 통하여 조성되어 온 것이다. 그런데 과거의 간척은 움푹파인 만(灣)의 연안에 쌓인 세립질 퇴적물인 점토지역에 국한된 소규모의 간척이었다. 그리고 이 점토에서 염분이 빠져 농토가 된 후에 다시 오랜 시간을 걸쳐 새로운 점토가 생기면 또 다시 경계선을 확장해나가는 매우 점진적인 방식의 자연경계개간이었다. 그것은 점차적이고 열려진 방식(open system)의 개간이었던 것이다. 그런데 새만금 사업은 김제 앞바다의 고군산군도(古群山群島)와 군산과 부안을 연결하는 33Km의 방조제(防潮堤)를 쌓는 작업으로 현대적인 중장비의 개념이 없이는 상상도 할 수 없었던 것이다. 그것은 개간(開墾)아닌 폐간(閉墾)이요, 간척(干拓)아닌 간폐(干廢)다. 이것은 인류역사상 유례가 없었던 바다파괴사업이요, 간척지의 대부분이 농토로서 적합치 않은 모래밭일 뿐이다.

강하구의 가치는 산호초의 가치보다 4배, 농토보다 천배

한번 생각해보자 ! 이 앞바다가 모두 아름다운 산호초(coral reef)로 덮여있다면 아무도 감히 이런 식으로 개간한다고 덤비지 않을 것이다. 그런데 강하구의 가치는 산호초의 가치보다 훨씬 높다. 이 지구상에 산호초면적이 62×10^6 헥타르인데, 강하구 면적 또한 총 180×10^6 헥타르밖에 되지 않는다. 1997년 『네이처』지의 과학적 평가에 의하면 헥타르당 산호초의 가치는 $6,075인데 강하구의 가치는 네배 가량이나 높은 $22,832이다. 그런데 경작지인 논의 가치는 불과 $92밖에 되지 않는다. 강하구에는 영양염순환(nutrient cycling)이 이루어지며, 모든 오염이 정화되며, 어마어마한 생명의 탄생이 이루어지며, 연안의 모든 어장의 근원이 형성된다. 그리고 이 모든 것은 인간의 투자가 없이 자연적으로 이루어지는 소출이다. 그러나 경작지는 종묘, 비료, 농약, 인건비, 그 모든 것이 투자되어야만 되는 것이다. 최열은 말한다.

황금녹여 쇳덩이 만드는 수고는 왜?

"왜 쇠보다 금이 더 비쌉니까? 같은 광물이지만 금이 쇠보다 더 귀하기 때문이죠. 그런데 세계적으로 귀한 뻘을 6조원을 투자하여 흔해빠진 논으로 만든다? 그러니까 귀한 금을 돈 6조원을 들여 가장 흔한 쇳덩어리로 만드는 연금술이 우리나라 새만금정책인 셈이죠. 지금 부안지역 논이 시가 평당 2만5천원밖에 되지 않습니다. 그런데 새만금계획대로 진행되면 탄생되는 논은 7·8만원의 값이 나가야 합니다. 게다가 휴경농지를 헥타르당 300만원을 보상해주고 있는 판에? 생각해보세요! 중국보다 천배 비싼 농토에서 열배의 인건비로 일년에 한번 농사짓는 일모작으로 경쟁한다? 도대체 이런 넌센스가 어디 있습니까?"

김대중도 제대로 알았더라면 시작하지 않았다

왜 이런 넌센스가 우리나라엔 태연스럽게 자행되고 있을까?
새만금공사는 본시 우량농지확보라는 절박한 우리 농민의 내
재적 요구에 의하여 생겨난 프로젝트가 아니다. 방조제의 무지
막지한 선을 서해안 지도 위에 그은 것은 현 농림부 산하 농업
기반공사의 전신인 농어촌진흥공사의 그 누구가 한 짓일 터이
지만 그것을 현실로 구체화시킨 것은 노태우였다. 노태우는
왜? 87년 대통령선거에서 전북표를 긁어모아야 하는 절박한 상
황이 있었기 때문이었다. 허나 대통령이 된 노태우는 그 어마
어마한 돈이 드는 공약을 집행할 의사가 없었다. 그런데 노태
우대통령에게 공약실천의 강행을 요구한 것은 야당총재 김대
중이었다. 92년 대선을 앞두고 91년 11월부터 대역사의 막은
올랐다. 현 대통령 김대중은 말한다: "새만금만 생각하면 가슴
이 답답합니다."

농업기반공사의 조직이기가 빚은 비극

이건 또 뭔 소린가? 순수하게 정치적 목적을 위하여 탄생된
새만금이지만, 누구든지 초창기에 이 프로젝트를 제청했을 때

는 그것이 재앙을 불러오는 파괴적 공사가 되리라고는 미처 생각치 못했다는 뜻이다. 왜 생각치 못했을까? 제1의 이유는 우리가 살아온 20세기의 역사가 생물학적 패러다임이 아닌 물질적인 진보만을 추구한 직선사관의 역사였기 때문이다. 게다가 덮친 것은 "쌀"이라는 이데올로기다. 한국인들은 과거생활양식의 인습 때문에 쌀을 부(富)의 상징으로, 기준으로 생각할 뿐이었다. 따라서 쌀을 생산하는 농토의 확보는 절대적 선(善)으로서 무비판적으로 수용될 수밖에 없는 하나의 이데올로기였던 것이다. 게다가 환경생태에 대한 인식이 생겨나기 시작한 것은 불과 수삼년의 일이다. 이러한 인식의 심화를 초래한 사건이 1996년의 시화호 오염의 비극이요 참안(慘案)이었다. 시화호비극의 결말은 결국 방조제를 다시 허무는 길밖에 없었다. 그렇다면 명약관화한 새만금의 결말을 예견하면서 왜 그러한 비극적 역사를 되풀이하려 하는가? 새만금 33km의 방조제를 막는 순간 순식간에, 1㎡당 10만개의 생명체가 살고 있는 제내지역 1억2천6백만평은 거대한 시체더미로 화할 것이며, 만경강과 동진강의 오염은 정화될 길이 없을 것이다. 그리고 이 거대지역을 개답(開畓)하기 위해서는 150개의 남산이 사라져야 한다.

지금 뻘죽여야 할 만큼 논이 필요한가?

왜 뻘을 죽여야 하는가? 우리에게 지금 뻘을 죽여야 할만큼 논의 필요성이 있는가? 새만금에 논이 생겨서 돈이 벌린다고 생각하는 미친놈은 아무도 없다. 지금도 뻘에 한나절 들어갔다 오면 10만원은 번다. 논에서 그러한 소출은 기대할 수 없다. 그런데 피해의 당사자인 전북도민들은 왜 그토록 열렬하게 수혜의 꿈만을 키우고 있는가? 여기엔 교묘한 사기가 있다. 당시 전북도지사 유종근은 새만금의 3분의 1을 세계최첨단의 공단으로 만들겠다고 약속했다. 그러나 이 약속 자체가 위법적인 사기극에 불과하다. 새만금사업은 농지관리기금으로만 이루어진 것이며 오로지 농지조성이라는 목적에서만 쓸 수 있는 것이다. 대부분의 취득세에 붙어있는 농토세로 이루어진 것이며 원칙적으로 용도변경이 불가능하다. 이러한 모든 문제를 지역언론은 차단했다. 그리고 타도사람들이 시기질투하기 때문에 반대한다는 식으로 문제의 핵심을 호도시켜 전북지역 이기주의를 조장시켰다. 그런데 더 큰 문제의 실상은 우리나라에서 이미 공단이 텅텅 빈다는 것이다. 공장이 들어설 조건이 사라지고 있는 것이다. 인근의 군장공단도 채워지지 않고 있는 판에 새만금에 무슨 최첨단 공장이 들어온다는 게냐?

문제핵심호도, 전북지역 이기주의 조장, 모든 게 이권 탓

그런데 왜 새만금은 열렬하게 추진되고 있는가? 올해만 해도 이미 1700억원의 예산이 책정되었다. 이러한 추진의 주체는 농업기반공사다. 그리고 물론 농업기반공사는 건설회사와 밀착되어 있다. 농업기반공사의 최대목표는 무조건 빠른 시일내에 33㎞의 방조제중 남은 4.5㎞ 구간을 빨리 메우는 일이다. 왜냐? 메우면 어차피 새만금공사를 마무리지을 수밖에 없고, 시화호의 경우처럼 문제가 발생하면 그 문제를 해결하기 위한 추가예산을 계속 따낼 수 있기 때문이다. 그들은 공사가 이미 73.4%나 진척되어 다 된거나 마찬가지라고 사기를 친다. 그러나 그것은 방조제 진척에 한정되는 얘기일 뿐이다. 전체 공정으로 보면 아직 20%도 진척이 되지 않은 공사일 뿐이다. 노자는 말한다: "知止, 可以不殆."(그침을 알면 위태롭지 아니하다.) 그러나 농업기반공사는 그침을 알지 못한다. 그들의 궁극적 목표는 새만금이 아니라 공사조직 그 자체의 유지일 뿐이기 때문이다.

휴경지 보상하면서 농지 넓히겠다니!

생각해보라! 현재 1년에 도로·산업단지·주택으로 2만5

천헥타르의 농지가 사라지고 있다. 새만금에 생기는 농지가 불과 2만8천3백 헥타르다. 1년에 사라지는 농지만 훼손 안시켜도 새만금 공사는 전혀 필요가 없다. 그리고 현재 우리나라 쌀자급률은 108%에까지 이르고 있으며 따라서 휴경농보상제가 추진되고 있다. 쌀 남아돌아간다고 2002년 상반기에만도 13만헥타르의 농지를 축소시켰다. 그런데도 화옹지구간척사업, 시화지역농지조성, 영산강지역간척사업을 강행하여 일을 벌임으로써 조직유지 위한 돈을 끌어모으고 있는 것이다. 동아건설이 자체적으로 간척한 김포매립지를, 부도나기 직전 자금압박 때문에 용도변경신청을 했다. 농림부·농업기반공사는 이것을 불허했다. 그리고 그 땅을 평당 19만원에 매입했다. 그런데 공사는 지금 이 땅을 물류·산업단지로 용도변경을 추진하고 있는 것이다. 농업기반공사는 국민을 위하여 식량공급을 원활히 하고, 농민이 농사를 잘 지을 수 있도록 지원·관리하기 위하여 존재하는 공적 기관이다. 그런데 이 조직은 땅 만들고 용도변경하여 비싸게 땅을 파는 땅장사 기관으로 변해가고 있는 것이다. 농지조성의 간척사업은 우리나라 역사의 단계에서 더 이상 의미가 없다. 따라서 농업기반공사는 해체되어야 마땅하다. 그리고 필요한 수리조합이나 농업용수의 관리기능만 남아있는 조촐하고 효율적인 기구로 혁신되어야 한다. 새만금의 비극은 농업기반공사의 조직이기주의의 폐단이 빚은 것이며 우리나라 관료사회의 문제점의 시금석이다. 그것은 노무현정권의 리트머스시험지인 것이다. 농업기반공사에 메스를 가할 수 없다면 노무현의 관료제혁신의 구상은 허공의 메아리로 끝나고 마는 것이다.

새만금 아쿠아폴리스의 구상, 얼마든지 가능

최근 건축가 김석철은 새만금바다도시(aquapolis)라는 제3의 대안을 내어놓았다. 농지조성이라는 허무맹랑한 거짓말을 벗어버리고, 방조제공사를 중단하고 갯벌을 살리며, 현재까지 진행된 방조제와 주변의 지형을 활용하여 방조제도시(Sea Wall City), 갯벌도시(Tidal Flat City), 하구도시(Cape Town)를 만들고, 군산·익산·전주·김제·정읍의 어번링(Urban Ring)과 연합하는 새만금·호남평야의 어번네트워크를 만들어, 새로 열리는 황해도시공동체의 중심으로 발전시키자는 참신한 안을 내어놓았다. 중국의 공산화로 닫혔던 황해가 이제 열리고 있고, 이에 대처하는 대국적 플랜으로서의 새만금을 생각하는 것이다. 자유로왔던 장보고시대로의 회귀를 꿈꾸는 것이다. 김석철안에서 물론 수정되어야 할 부분은 많다. 그러나 일단 방조

제공사를 중단하고 갯벌을 살릴 수 있는 확실한 명분을 제공한
다는 측면에서 그의 안은 전적으로 수용되어야 마땅하다.

전북도민은 이제 사기극의 꿈에서 깨어나라 !

전북도민들은 이제 기나긴 사기극의 꿈에서 깨어나야 한다.
자멸을 초래하는 구렁텅이에서 벗어나야 한다. 그리고 무조건
갯벌을 살려야 한다. 예산이 없어지는 것이 아니다. 새로운 명
분으로 더많은 예산을 요구하고, 갯벌을 살리면서도 도민의 수
입을 극대화시킬 수 있는 선진기술의 모든 가능성을 활용할 줄
알아야 하는 것이다. 폭주기관차처럼 앞으로만 가는 농업기반
공사의 감언에 더이상 농락당해서는 아니된다.

새만금 갯벌 죽으면 도요물떼새 죽고, 전라북도 죽는다

현재 진행되고 있는 농업기반공사의 플랜으로는 아무런 실
이익을 얻을 수가 없다. 갯벌이 죽으면 전라북도는 죽는다. 그
리고 서해안 전체의 어장이 죽는다. 호주·뉴질랜드에서 월동
하고 시베리아로 돌아가는 도요물떼새 20만마리가 13,000Km
를 이동하는 중간기착지가 바로 새만금 갯벌이다. 새만금 갯벌

이 죽으면 이들이 죽는다. 인간을 위한 새들의 희생? 그러나 중요한 것은 새들이 못사는 지구에서 결국 인간도 살 수 없게 된다는 사실이다. 지구의 생태계에는 국경이 의미가 없다. 우리는 지구공동체에서 살고 있는 것이다. 새만금은 결코 전라북도의 소유물이 아니다. 나 도올도 익산·전주에서 6년을 산 전북인이다. 내 어찌 전북의 번영을 바라지 않을까 보냐? 나 도올의 진실을 믿어다오. 전북도민들이여! 그대들은 기만당하고 있다. 방조제를 중단하라! 갯벌을 살려라!

원불교도 조직이기 버리고, 사은(四恩)의 원리에 따라 새만금갯벌 살리는 운동에 앞장서라 !

종교의 본질은 생명존중사상이다. 원불교가 말하는 일원상(一圓相)의 진리도 그 궁극에는 생명존중사상이 자리잡고 있다. 법신불(法身佛)은 곧 내가 말하는 생명적 우주인 것이다. 그것은 단순한 공적(空寂)이 아니다. 사은(四恩)의 첫째 은이 무엇이뇨? 천지은(天地恩)이다. 천지는 곧 우리의 부모며 동포며 법률이다. 그것은 서로가 서로를 살리는 일원화된 생명체인 것이다. 우리의 천지는 어디 있는가? 바로 새만금에 있다. 새만금에 살아 숨쉬는 법신불의 무한한 생명고리의 외침을 들으라! 그 외침을 듣지 못한다면 그대는 원불교도의 자격이 없다. 무엇이 소태산 대종사의 무시선(無時禪)이며 처처선(處處禪)이냐? 그것은 바로 간단(間斷)없는 생명의 소리를 듣는 것이다.

원불교도들은 도민들과 합심하여 새만금간척사업을 막아야 한다. 그리고 그것을 새만금생명사업으로 전환시켜야 한다. 인류최대의 재앙사업을 인류최대의 축복사업으로 변환시켜야 한다. 중단, 그것이야말로 가장 위대한 성취다. 막강한 뷰로크라시의 허구를 깬 자랑스러운 우리조국역사의 새로운 이정표가 될 것이다. 공자는 말한다: "君子過則勿憚改." (군자는 허물이 있으면 고치기를 꺼리지 않는다.)

토론 참석자

전승수(全承洙, 전남대학교 지구환경과학과 교수)

수경(收耕, 불교환경연대 대표, 지리산 실상사 스님)

최열(崔冽, 환경운동연합 사무총장)

임옥상(林玉相, 갯벌을 사랑하는 화가)

도올서원 재생 30명

비고: 토론자들의 희망에 따라, 가독률을 높이고 의미의 압축을 꾀하기 위하여 토론내용을 기자 도올이 수미일관된 방식으로 서술하였다. 2003년 1월 25일 도올서원에서.

계룡산 갑사

재동 아키반의 김석철, 2003. 2. 10.

도올의 국가비젼

제2절 새만금 아쿠아폴리스

- 갯벌살리며 방조제 위에 5개 도시군 -

이 글은 2003년 2월 12일(수) 『문화일보』 제1·8면에 실렸다. 나는 1월 27일의 글 "새만금 리포트"에 연이어 그 글에서 제기된 문제들을 또다시 천착해 들어가는 제2탄을 발표했다. 우리나라의 대표적인 건축가 중의 한 사람인 김석철교수가 새만금에 대한 구체적인 대안을 제시했다. 도시설계의 국제적 경험을 축적해온 그의 안은 구체적으로 실현가능한 것이었기에 천착해볼만한 가치가 있었다. 우리나라 지도자층들은, 특히 권좌에 앉아있는 사람들은 목이 굳어있다. 고개를 돌려볼려고 하지를 않는 것이다. 고개를 요리조리 돌려보면 자기가 생각못했던 많은 현실이 보인다. 그렇게 인식의 지평을 넓히는 과정에서 최상의 선택을 해야 하는 것이다. 새만금도 분명한 대안이 있다. 그리고 앞으로 다가올 황해문화권의 문화적 센타역할을 할 수 있는 기능적인 미래도시로 만들 수 있으며, 21세기 우리나라 경제를 활성화시킬 수 있는 새로운 컨셉의 진원지로 만들 수 있다.

갯벌을 살리고 환경친화적인 새로운 개념의 제방도시를 건설하며, 지금 세계로 뻗어나가고 있는 한류(韓流)의 센타를 만드는 것이다. 한 사람의 권력자에게 무자비하게 독점되어 있는 외국인카지노 사업도 정상화시켜 건강한 경쟁구도를 만들고, 그 수익을 한류와 연결시켜 21세기의 새로운 문화적 라스베가스를 창출한다면, 20세기에 미국이 독점했던 엔터테인먼트산업을 아시아적 주축으로 이동시키는 획기적 모우먼트를 만들어낼 수 있다. 중국인은 일상적 삶속에서 매우 도박을 즐기는 민족이다. 세계의 유명 도박장의 상당비율이 중국인들이 점유하고 있다. 앞으로 중국에 축적되는 부를 다시 재분배시키는 방법으로서, 나는 이러한 아시아적 라스베가스 구상 이상의 좋은 대안이 없다고 생각한다. 라스베가스는 더 이상 불건강한 도박의 도시가 아니다. 그곳은 삶의 도시로 변해가고 있으며(방대한 주택지 조성), 세계의 중요한 컨벤션이 다 그곳에서 열리고 있으며, 인류의 미래를 이끌어가는 전위적인 쇼들이 다 그곳에서 개발되고 있다. 새만금을 아시아적 컨셉의 라스베가스로 만들고 군산항만시설을 활성화시키면, 황해에는 호화여객선들이 가득차게 될 것이며, 죽은 바다가 살아움직이는 바다로 금방 변모할 것이며, 전북도민들의 생계는 새로운 탄력을 얻게 될 것이며, 청년실업문제도 창조적으로 해결 될 것이며, 공주 · 연기지역의 신행정수도와 연계하여 21세기의 어반 클러스터가 조성되는 일석천조(一石千鳥)의 대운을 얻게될 것이다. 이미 아름답게 조성되어 있는 앞마당에 월척대어들이 가득 들어오고 있는 판에 그걸 메꾸어 버리겠다고 하니 참 한심하기 그지없다! 국토버리고 돈 못벌고! 목전의 개발이권에 눈먼 자들이여 더 큰 이권에 눈떠라!

234

도올의 국가비젼

도시설계는 삶의 설계

　김석철은 천재다. 퉁명스럽게 던지는 나의 이런 말을 매우 의아스럽게 생각할지도 모르겠지만 크게 놀랄 일은 아니다. 하늘(天)에서 재능(才)을 부여받았으면 누구든지 천재이기 때문이다. 천재는 항상 과(過)한 구석이 있다. 이태백처럼 하늘에서 쏟아지는 황하의 물을 들이키듯 과음을 즐긴다든가, 번뜩이는 재치와 구상으로 지나치게 많은 일에 몰두하거나, 꺼질 줄 모르는 격정의 화염에 휩싸여 열애에 탐닉하거나, … 하여튼 과한 것은 천재의 한 속성이다. 김석철도 일을 너무 열심히 한다. 아키반(Archiban)의 대표로 많은 설계일을 하면서도 명지대학교 건축대학장, 베네치아 건축대학·컬럼비아대학 건축대학원 초빙교수로서 맹활약을 하고 있다. 오늘날 우리가 보는 여의도의 모습도 대강 그의 머릿속에서 나온 것이며, 한강 연안의 대체적 구상도 그가 초안한 것이다. 예술의 전당, 관악산 서울대 캠퍼스, 경주 보문단지, 쿠웨이트 자하라의 주거단지, 제주도의 영화박물관 등 우리 주변의 수없는 건축들이 그의 작품이다. 밀양의 한학자 가문에서 태어나 영남루와 남천강변 솔밭을 거닐면서 철인의 꿈을 키웠던 그에게는 깊은 한학의 소양이 있다. 경기고교시절, 인류문명의 골격을 만드는 건축을 통해서도 큰 철학을 구현할 수 있다고 말씀해주신 박종홍선생의 권유에 따라 서울공대 건축과에 들어갔다고 하는 그는 대학시절부터 이미 김중업선생 설계사무실에서 큰 건물설계들을 도맡았다. 그 후에는 섬세한 감성의 소유자 김수근선생 밑에서 도시설계를 주로 공부했다. 그런데 김석철은 요즘 새만금의 구상에 미쳐있다. 너무 새만금에 몰두하다가 건강까지 상했다고 한다. 뉴욕 컬럼비아대학 강의를 마치고 엊그제 귀국한 그를 나는 재동 한구석의 한옥 두 채를 개축하여 만든 조촐한 아키반 사무실에서 만났다. 2003년 2월 10일 오전 11시였다.

건축가 김석철안이 새만금의 새활로

새만금 간척사업을 놓고 환경단체와 전북자치단체 사이에 옥신각신 찬반싸움의 골이 깊어지고 있을 때 돌연 등장한 김석철안은 세간에 깊은 충격을 주었다. 새만금 갯벌이라는 광활한 생명의 보고를 있는 그대로 보존하면서도 전북도민들의 개발의 열망을 충족시킬 수 있는 획기적인 새로운 대안을 제시했기 때문이었다. 그러나 아직도 지방의 언론들은 김석철안이 실현가능성이 없는 허황된 것이라고 빈축하고 있고, 노무현 대통령 당선자나 전북도정을 맡고있는 사람들은 선뜻 그의 구상을 받

도올의 국가비젼

아들이지 않고 있다. 그러나 내가 생각키엔 이 모든 것이 이해의 부족에서 기인하는 것이다.(그 핵심적 문제는 도정에 압력을 가하고 있는 이권단체들의 문제다. 새만금개발과 결탁되어 있는 지방유지들의 이권비리구조가 새만금의 건강한 해결을 가로막고 있는 것이다. 後註.) 김석철안은 새만금의 유일한 활로(活路)다. 김석철안은 돌연히 하루아침에 급조된 것이 아니라, 그의 회갑생애의 기나긴 도시설계 체험의 축적이 빚어낸 찬란한 다이아몬드와도 같은 것이다.

국가경쟁력시대에서 도시경쟁력시대로 !

그의 주장의 핵심은 앞으로 오는 인류문명의 대세는 국가와 국가간의 경쟁이 아니라 도시와 도시간의 경쟁의 시대로 특징지워진다는 데서 출발한다. 새만금문제를 농지의 확보라는 원시적인 발상으로부터 근원적으로 차원을 달리하여, 경쟁력있는 도시들의 집적태인 어반 클러스터(urban cluster)로서 생각해야 한다는 것이다.

"생각해보세요. 미국? 그 거대한 땅덩어리가 대부분 인간의 발자취도 가지 않은 원시림 아니면 산맥, 사막, 대평원, 그리고 목가적인 소도시일 뿐입니다. 그러나 우리가 미국하면 그런 풍경을 떠올리지 않습니다. 세계 최첨단의 마천루로 가득찬 맨해튼의 스카이라인을 생각하죠. 다시 말해서 미국의 경쟁력은 뉴욕이라는 도시의 경쟁력입니다. 극단적으로 말하자면 뉴욕이라는 한 도시의 경쟁력이 미국이라는 국가 전체를 먹여살린다는 것이죠. 뉴욕은 금융의 도시며, 기업의 도시며, 물류의 도시입니다. 그런데 이 뉴욕의 경쟁력은 행정도시로서의 와싱턴, 그리고 학문도시로서의 보스턴과 연계된 클러스터를 이루면서 효율적인 기능을 하고 있는 것입니다. 런던이나 파리와 같은 유럽의 도시들이 역사적으로 자연스럽게 형성되어온 복합도시들임에 비하여 미국 동부의 도시들은 이러한 기능적 분화를 이룩해낸 새로운 개념들의 기능도시라는 것입니다. 즉 미국은 새로운 도시문명의 패러다임을 제시하면서 인류문명의 최강자로 등장한 것입니다. 필라델피아와 같은 고도(古都)에는 시청건물 꼭대기의 윌리암 펜 동상 이상으로는 건물을 못짓게 엄격한 고도제한을 하면서도 맨해튼에는 건폐율과 용적률을 무제한으로 허용했습니다.

앞으로 이와 같이 경쟁력있는 도시를 만들어 내는 것이 미래 지도자의 모습이라는 것입니다. 중국에서도 현재 상해나 북경을 성공적으로 이끈 지도자들이 정치지도자로 부상하고 있습니다. 다시 말해서 그들은 앞으로 오는 세기는 국가경쟁력이 아니라 도시경쟁력시대라는 것을 잘 깨닫고 있는 것이죠. 새만금도 경상도에 콤플렉스를 느끼는 전라도사람들의 한풀이로 이해돼서는 아니 된다는 것이죠. 21세기 세계와 경쟁을 할 수 있는 전혀 새로운 개념의 도시문명의 탄생이라는

측면에서 접근해야 한다는 것입니다. 아~ 글쎄 생각해보세요. 새만금의 스케일이 1억2천만평이 넘어요. 그건 그린벨트를 뺀 서울특별시와 동일한 싸이즈예요. 어떻게 이렇게 거대한 토지계획이 농업기반공사나 지방자치단체의 프로젝트로서 기안되고 종결될 수 있다는 말입니까? 그것이 반드시 한반도 전체의 경영전략으로서, 중앙정부와 지방정부가 긴밀한 유기적 관계를 갖는 고차원의 국가전략으로서 인식되어야 한다는 것은 너무도 당연한 일이 아니겠습니까? 그렇다면 향후의 한반도전략이 무엇이냐? 이런 걸 이야기해야겠지요."

동북아중심국가 개념을 황해도시공동체로 대체해야!

─그게 뭡니까?

"아~ 그거야 손쉽게 노무현 당선자의 동북아중심국가론을 얘기해도 좋겠지요. 그런데 동북아중심국가라는 말 자체가 어폐가 심해요. 우리나라가 어떻게 동북아의 중심국가가 된다는 말입니까? 일본이나 중국과 같은 세계 대강국들이 버티고 있는데 과거 대동아공영권을 외치던 일제우익 비슷한 뉴앙스의 담론들을 내깔기면 이 세계 누가 좋아하겠습니까? 우리나라 사람들에게는 6 · 70년대를 통해 형성된 국수적 민족주의, 그리고 80년대를 통해 형성된 저항적 민족주의의 검토되지 않은 환상이 있어요. 그냥 단군이래로 한민족이 세계의 중심이라고 종교적으로 믿어버려요. 자아~ 동북아시아중심국가라는 말의 구체적 함의는 이제 동북아시아의 중심이 황해도시공동체 (Yellow Sea Urban Community)가 될 수밖에 없다는 것을 의미합니다. 다시 말해서 우리나라가 황해도시공동체 속에서 어떤 기능을 할 수 있느냐? 바로 그 기능 속에서 우리민족의 어반 클러스터를 어떻게 효율적으로 창조할 수 있느냐? 이런 얘기로 압축된다는 것이죠."

도올의 국가비젼

향후 중국사회변화, 어바니제이션의 핵심적 과제상황

그의 말을 이해하기 위해서는 "황해도시공동체"라는 단어를 정밀하게 푸는 작업이 중요하다. 여기 핵심은 또 다시 "도시"라는 말이다. 인류사회의 변화는 구체적으로 농촌인구가 도시인구로 전환되는 과정, 즉 어바니제이션(urbanization)에서만 일어난다는 것이다. 구라파·미국·일본의 경우 농촌인구가 3%밖에 되지 않는다. 이런 곳에서는 이제 격변하는 사회변화를 기대할 구석이 없다. 결국 정체하고 만다는 것이다. 우리나라는 현재 9%다. 앞으로도 약 6% 정도의 변화가능성만 남아있는 것이다. 그런데 중국은 농촌인구가 75%며 북한은 80%다. 생각해보라! 중국은 인구가 13억이다. 이 13억의 75%가 되는 인구가 앞으로 2·30년내로 도시로 이동하는 현상을 한번 상상이나 해보자! 중국은 20년 동안 경제성장률 10%를 유지해왔다. 그리고 올해부터 매년 1천만호의 아파트를 건립하겠다고 발표했다. 매년 분당규모의 도시 100개가 생겨나는 것이다. 그런데 이러한 도시가 대부분 뻬이징·티엔진 — 상하이 — 홍콩을 연결하는 황해연안으로 집결하는 것이다. 지금 중국대륙은 동쪽으로 기울어져 있다. 모든 사람이 동쪽해안으로 때굴때굴 굴러가고 있는 것이다. 곧 상하이(上海) 주변으로만 3억의 인구권이

형성된다. 그리고 황해연안과 한국·일본의 황해연결일대만
해도 약 9억의 인구가 집결된다는 것이다. 이것은 세계최대의
시장이다. 그가 생각하는 새만금은 바로 이런 황해도시공동체
의 허브마켓시티(Hub Market City)이다.

경부주축 어반 클러스터에서 황해도시공동체로,
미·일 축에서 중·일 축으로 세계문명전환에 능동적 호응

"잘 생각해보세요. 우리나라에도 이미 매우 효율적인 어반
클러스터가 있습니다. 대구·울산 어반 클러스터를 예를 들어
보죠. 포항에는 제철공장, 구미에는 전자공단, 울산에는 중공
업, 자동차공장, 대구에는 섬유산업과 교역과 교육, 이런 기능
이 각기 분화되어 집중투자되었고 이것이 한덩어리를 이루면
서 세계적으로 경쟁력있는 어반 클러스터를 형성한 것이지요.
우리나라 근대화의 힘은 바로 여기서 나온 것입니다. 그런데
이렇게 기능적으로 분화되어 집중투자된 어반 클러스터가 호
남지역에는 한 군데도 없습니다. 보세요! 우리나라에는 대체적
으로 기능하고 있는 어반 클러스터가 3개가 있습니다. 서울과
인천을 묶는 경인지역 메가시티 어반 클러스터, 방금 말씀드린

물류를 효율화시킨 울산공업지구

대구·울산 어반 클러스터, 부산, 마산·창원, 광양을 잇는 부산·광양 어반 클러스터, 이 세개밖에 없습니다. 그런데 이 세개가 모두 경부선을 축으로 해서 이어지고 있는 것입니다. 이 경부 어반 클러스터 주축은 해방후 오늘날까지 우리나라의 경제가 미국·일본을 축으로 했다는 것을 의미합니다. 다시 말해서 우리나라의 국토의 모습은 이러한 미·일주축 경제·사회·

문화·학문·예술구도에 따라 결정되어온 것입니다. 보이는 건축의 세계와 보이지 많는 문명의 세계는 이와 같이 하나로 밀착되어 있는 것입니다. 바로 황해도시공동체라는 것은 세계문명의 주축시대가 미·일 축에서 중·일 축으로 전환한다는 것을 의미하며 이것은 곧 한반도 국토의 구조적 변화가 불가피하게 수반된다는 것을 의미합니다. 그렇다고 이런 변화에 미국이 배제된다는 것은 아니며, 미·일 축과 중·일 축의 새로운 긴장관계가 황해도시공동체 중심으로 형성된다는 것을 의미합니다. 우리 조선반도의 운명은 바로 이러한 긴장의 역학관계 속에서 어떻게 창조적인 발란스의 새로운 기축(axis)을 마련하는가에 매달려 있습니다. 황해를 보세요! 현재 메가시티는 3개가 있습니다. 뻬이징·티엔진 메가시티, 서울·인천 메가시티, 상하이·난징 메가시티, 이 세 메가시티가 모두 과밀현상을 일으켜 새 문명의 허브(Hub, 輪軸)로서 효율성이 떨어집니다.

토지의 소유 · 배상문제 없는 완벽한 신천지,
새로운 도시 · 항만 · 철도 · 공항 · 고속도 연계구상

여기에 완벽하게 도시 건축법의 규제를 받지 않는 탁 트인 새로운 거대공간이 요구됩니다. 바로 이 거대공간은 새만금밖에는 없습니다. 새만금에는 서울특별시의 3분의 2나 되는 규모의 도시가 형성될 수 있으며 여기에는 배상의 문제도, 철거민의 문제도, 소유의 문제도 없는 완벽한 신천지의 드림랜드입니다. 더구나, 군산·익산·전주·김제·정읍 5개 도시의 기능적으로 분화된 내륙의 어반 클러스터와 연계하고, 이 지역의 군산·김제의 2개 공항을 영종도와 연결시키고, 군산·새만금의 항구시설을 인천·목포항구와 연결시키고, 또 다시 서해안고속도로 그리고 호남고속철도와 연결시키면 20세기의 뉴욕과 같은 기능을 할 수 있는 21세기의 동북아중심도시로서 새만금이 출현할 수 있다는 것을 의미합니다. 이것은 환상이 아닌 현실이며, 우연이 아닌 필연이며, 중단이 아닌 개선입니다. 저의 이러한 주장을 제 주변사람들이 너무 이해해주질 못하고 있습니다. 안타깝습니다.

호남과 영남의 문제는 균형발전아닌 경쟁발전

호남지역의 정치적 개선은 영남에 대한 "균형발전"이 아니라 "경쟁발전"이 되어야 하며 그것은 미·일축의 서구일변도 모습에서 중·일축의 다변화가 우리국토에서 새롭게 흥기할 수밖에 없다는 것을 말하는 것입니다. 새만금을 이와 같이 어반 클러스터 네트워크의 장으로 생각한다면 굳이 방조제를 막아 갯벌을 죽일 필요가 없습니다. 새만금 방조제를 완전히 차단한다는 것은 낙동강입구를 완전히 봉쇄한다는 것과도 같은 터무니없는 짓입니다. 낙동강입구를 막는다면 영남일대가 모두 사지화(死地化)할 것이라는 생각은 누구나 쉽게 할 수 있을 것입니다. 그런데 왜 호남평야의 생명인 만경강과 동진강의 강하구를 막으면 시화호의 비극 정도가 아니라, 그 오염이 역류하여 우리나라의 위대한 호남평야 전체가 썩어갈 것이라는 비극적 결말을 왜 아무도 예견하지 않는단 말입니까?"

베네치아의 외해와 내해, 새만금 갯벌구상

─그렇다면 갯벌 위에는 아무런 공사를 하지 않는다는 것입니까?

"그렇습니다. 베네치아를 보십시오. 그곳은 바다 앞에 기다랗게 생긴 섬 3개(리도, 말라모코, 치오기아)가 천혜의 방조제를 형성하고 있고 그 섬 3개 밖으로는 외해(mare), 안으로는 내해(lagoon)가 형성되어 있습니다. 이 내해는 연안도시와 섬들간의 천혜의 물류·교통의 길을 형성해주고 있습니다. 새만금의

도올의 국가비젼

경우도 지금까지 쌓은 방조제와 연안의 개발을 이용하면 베네치아보다 더 위대한 도시가 형성될 수 있습니다. 새만금 갯벌은 이 도시의 물류의 장인 내해가 되는 셈이지요."

현재의 방조제 면적만해도 맨해튼을 넘는다.
그 방조제위에 새로운 개념의 도시를 구상하자!

―그렇다면 방조제 위에다 도시를 건설한단 말입니까?

"의아스럽게 생각하실지 모르겠지만 한번 직접 가보십시오. 바다 한가운데의 방조제의 폭이 자그만치 290m나 되며 그 높이가 36m나 됩니다. 그것이 4.5㎞를 남기고 33㎞나 뻗어있습니다. 이 방조제 위에 건설할 수 있는 대지면적이 맨해튼 전체를 훨씬 능가하는 것입니다. 5·6층 건물은 기초없이 세울 수 있으며 36m 높이의 7배나 올라갈 수 있는 중압을 거뜬히 버틸 수 있습니다. 나는 우리나라 농업기반공사의 방조제공사를 세계사의 경이로운 토목사업의 성과로서 높게 평가하고 싶습니다. 그러나 앞으로 공사를 바다를 막는 방향으로 진행시킨다면 인류사상 돌이킬 수 없는 최대의 환경재앙을 몰고 올 것입니다."

새만금공사의 중단은, 중단아닌 새활력

─그러나 농업기반공사도 그렇고 전북도민들도 그렇고, 방조제공사의 중단으로서 예산의 축소나 세수의 감소를 가장 걱정하고 있습니다.

"저의 안은 중단이 없습니다. 저의 안이 실현되기 위해서는 앞으로도 계속 많은 방조제·방수제를 쌓아나가야 합니다. 단지 그 플랜과 방향이 변경되는 것입니다. 저는 환경단체의 주장보다는 농업기반공사 사람들의 납득이 더 중요하다고 생각합니다. 농기공 내에는 단지 이해부족으로 생각이 못미쳐서 그렇지, 매우 진지하게 생각하시는 훌륭한 분들이 많습니다. 농기공의 사업은 중단되는 것이 아니라 새로운 차원의 활력을 더 얻게 되는 것입니다. 농기공은 이 사업에 계속 참여하게 될 것입니다."

농업기반공사는 더 큰 이익을 따낼 수 있다.
도민 스스로 유족한 감자바위동네 꿈만 키우지 말라!

─그런데 왜 이렇게 좋은 안을 관계실무자들이 이해하지 못할까요?

"이 일의 추진과정이 당초로부터 '개간'이라는 '쌀과 땅의 신화'로부터 로칼한 관심 속에서 출발했기 때문입니다. 지방관리들의 지역적 관심에서 기안된 서류들이 그냥 케이스 바이 케이스로 상부에서 예산도장만 찍혀내려온 실상이 그 원흉이지요. 다시 말해서 국가경영에 총체적 비전이나 철학, 원리원칙이 있었던 플랜이 아니라는 것입니다. 유기적 관련이 없는 세칙만 있고 전체적인 비전이 없는 안이었기 때문에, 동네 쬐그만 구멍가게발상을 갑자기 거대한 국영기업체사업으로 뻥튀긴 것과도 같은 과정을 밟았기 때문에, 현재 와서 그 전체문제를 코디네이션할 수 있는 철학과 원칙이 부재한 것입니다. 게다가 타성의 안일함때문에 어떤 새로운 패러다임을 수용하기 어려운 불안감에 떨고 있는 것이죠. 한마디로 인식의 전환을 못하는 겁니다. 그리고 도민 스스로가 유족한 감자바위동네의 꿈만 키우고 있는 것입니다."

새만금 아쿠아폴리스: 5개 도시군 구상

―플라톤의 아틀란티스를 연상케하는 선생님의 새만금 아쿠아폴리스를 설명해주시지요.

"간단히 말하면 1호방조제와 변산반도를 중심으로 세계상설무역박람회를 유지할 수 있는 3억톤 수량의 담수호가 있는 엑

스포시티(Expo City)를 건설하고, 2호방조제를 중심으로 항만도시(Human Port)를 건설하며, 3호방조제와 이 세상에서 가장 아름답다고 표현할 만한 천혜의 12개 고군산군도를 연결하여 해상관광도시(Tourism City)를 건설하며, 4호방조제와 군산, 금강, 만경강을 활용하여 해양생명과학도시(Marine Bio-tech Valley)를 만드는 것입니다. 그리고 만경강과 동진강하구 사이에 돌출한 봉화산일대에 케이프 타운(Cape Town)을 만드는 것입니다. 이 다섯개의 도시 중 2호방조제의 국제항만시설은 글로벌 네트워크(global network)의 중심이 되며, 봉화산일대의 케이프 타운은 로칼 네트워크(local network)의 중심이 되어 내륙의 호남평화 5개 도시연합(군산 · 익산 · 전주 · 김제 · 정읍)의 센터로 만드는 것입니다. 이중 항만시설은 중앙정부가 투자하고 봉화산 케이프 타운은 지방정부가 투자하며, 나머지 세개 즉 엑스포시티와 관광도시 해양생명과학도시는 국제자본이 투자하도록 하는 것입니다."

새만금은 친환경적 도시건설의 인류공동 숙원사업

―문제는 원가경쟁력, 세계경쟁력, 그리고 공학적 기술문제의 해결이 과제상황이겠지요.

도올의 국가비젼

- 1호방조제 일대 담수호 있는 엑스포시티
- 2호방조제 중심으로 항만도시 건설
- 3호방조제와 고군산군도 연결 해상관광도시
- 4호방조제와 금강, 만경강 활용 생명과학도시
- 만경 · 동진강 하구 봉화산일대에 케이프타운

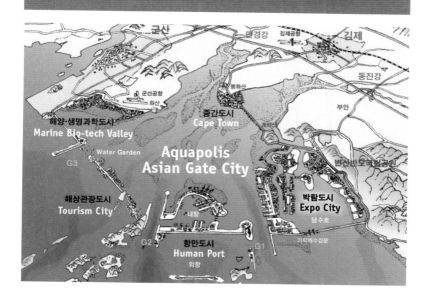

제5장 새만금구상과 황해문화권

"그렇습니다. 불행하게도 이 문제를 자세히 설명드릴 시간이 없군요. 그러나 한마디만 확실히 말씀드리겠습니다. 저는 이 문제를 저 혼자 생각한 것이 아닙니다. 하바드대학의 건축대학원(GSD)의 피터 로에(Peter Rowe)교수팀, 칭후아대학 우리앙용(吳良鏞)교수팀, 서울대 안건혁교수의 한아도시연구소팀, 조창걸회장님의 한샘연구소팀, 그리고 저의 아키반팀, 이 다섯 팀이 6년전부터 공동으로 연구해온 결과를 말씀드리는 것뿐입니다. 저희들의 첫모델은 서울·인천·영종도를 연결하는 인천 앞바다의 거대 수상도시건설이었습니다. 그러나 그 안은 너무 스케일이 작아 황해도시공동체의 새로운 물류중심이 되기에는 적정조건이 갖추어지기 어렵다고 판단했습니다. 모든 국제적 여건을 고려하여 우리의 최종결론이 새만금으로 낙착된 것입니다. 결론을 말씀드리면 저의 안은 일체의 부정이나 중단이 없습니다. 그리고 결정적이고 독단적이질 않습니다. 대체적 방향에 합의를 보면 어떠한 합리적 의견이라도 수용하여 끊임없는 보완과 발전이 가능한 인류공동의 숙원사업이라는 것이죠."

새만금구상은 과거 인위적 죄악에 대한 속죄비젼

—선생님의 과거작품에 대한 비판도 많습니다. 새만금구상에 그러한 하자
가 있을 수도 있다면 무어라 답변하시겠습니까?

"뼈아픈 지적입니다. 지금 제가 여의도를 설계했다면 여의
도 한가운데로 한강이 흐르게 만들었을 것입니다. 서울대 관악
캠퍼스? 참 부끄럽습니다. 서울대학생들에게 죄송스럽습니다.
예술의 전당? 그런대로 기능은 잘 하고 있지만 후회되는 구석
이 많습니다. 저는 요즈음 제 인생을 통렬히 비판하고 있습니
다. 저는 건축가로서 재능과 기술을 믿고 자연에 오만을 떨어
왔습니다. 나의 개념적 구상이 세계를 개벽시킬 수 있다고 자
만했습니다. 나는 인위적 도시문명의 가능성만을 믿어왔습니
다. 그러나 새만금구상은 이러한 저의 생명의 죄업을 사함받을
수 있는 구도자적 자세로써 매진해온 것입니다. '자연친화적'
이라는 말도 위선이 많습니다. 자연 갯벌을 있는 그대로 두고,
방조제를 있는 그대로 두고, 주변의 변산경관을 더 이상 해치
지 않고, 생명의 바다에 뿌려진 씨앗처럼 스스로 자라나는 아
쿠아폴리스, 전북인의 희망과 꿈을 실현하고, 인류의 공동의
현실적 삶과 생명의 이상을 조화시키는 그러한 구상에 저의 생

애의 가치를 걸고 있는 것입니다. 분노보다는 자기의 업보에 대한 반성, 우리주변에 널려져 있는 오류의 한 형태가 대규모 되었을 뿐이라는 무서운 죄책감이 저의 요즈음 생의 순간들을 섬뜩섬뜩 찌르고 들어옵니다."

육당 최남선이 월명암에서 그린 새만금 풍경,
건축·도시철학의 핵심은 노자의 허(虛)

육당 최남선(崔南善)은 금강산을 옥으로 깎은 선녀의 입상이라 한다면 변산은 흙으로 만든 나한좌상의 모임이라 했다. 쳐다보고 절하고 싶은 것이 금강산이라 한다면 끌어다가 어루만지고 싶은 것이 변산이라 했다. 변산 꼭대기 월명암에서 새만금의 낙조를 바라보며 다음과 같이 썼다: "뒤에는 고부의 효심산, 앞에는 계화도로부터 고군산의 무더기 섬, 형제의 쌍둥이섬이 석가산(石假山)처럼 내려다 보이는 밖으로 바다! 구름과 입맞추는 바다가 낙조 없이라도 이미 내 흉금을 탕척(蕩滌)하여 낸다. 물붓이 한번 지나간듯한 구름밖으로 잠자는 광선이 부시시 기동을 하면서 하늘과 바다를 한데 어울러서 응달에서 익은 모과(木瓜)빛을 물들여낸다. 누르다면 엷고 붉다하면 짙다. 울고싶은 정, 소리지르고 싶은 정, 뛰어가서 덥썩 껴안고 싶은 정이 그대로 북바쳐 나온다. 보송보송한 날의 낙조는 내가 어떠한 줄을 모르지마는 약간 운애(雲靄)를 낀 낙조 그대로에 나는 말할 수 없는 느꺼움을 자아내었다. 무엇이라 할까? 무엇이라 할까? 그렇다 ! 의성태궁(疑城胎宮)을 격(隔)하여 건너다 보는 극락세계가 저러한 것이겠다."

나는 물었다: "선생님의 건축철학은 무엇입니까?"

"한마디로 노자의 허(虛)입니다."

〈完〉

記: 이 책의 외래어 표기는 씨케이시스템(C. K. System, 최영애-김용옥표기법)과 필자의 음성학적 원칙에 준하였다.

도올의 **국가비젼**

2004년 9월 9일 초판발행
2004년 10월 3일 1판 2쇄

지은이   도올 김용옥
펴낸이   남호섭
펴낸곳   통나무

서울시 종로구 동숭동 199-27
전화: (02) 744-7992
팩스: (02) 762-8520
출판등록 1989. 11. 3. 제1-970호

ⓒ Kim Young-Oak, 2004   값 8,500원

ISBN 89-8264-208-0 (03340)
ISBN 89-8264-200-5 (세 트)